SOBRE A FILOSOFIA
UNIVERSITÁRIA

SOBRE A FILOSOFIA UNIVERSITÁRIA
Arthur Schopenhauer

Tradução, apresentação e notas
MARIA LÚCIA MELLO OLIVEIRA CACCIOLA
MÁRCIO SUZUKI

Título original: ÜBER DIE UNIVERSITÄTS-PHILOSOPHIE.
Copyright © 2001, Livraria Martins Fontes Editora Ltda.,
São Paulo, para a presente edição.

1ª edição *1991 (Editora Polis)*
3ª edição *2023*

Tradução, apresentação e notas
MARIA LÚCIA MELLO OLIVEIRA CACCIOLA
MÁRCIO SUZUKI

Preparação do original
Renato da Rocha Carlos
Revisões
Célia Regina Camargo
Solange Martins
Produção gráfica
Geraldo Alves
Paginação
Studio 3 Desenvolvimento Editorial
Capa
Katia Harumi Terasaka Aniya

Dados Internacionais de Catalogação na Publicação (CIP)
(Câmara Brasileira do Livro, SP, Brasil)

Schopenhauer, Arthur, 1788-1860
Sobre a filosofia universitária / Arthur Schopenhauer ; tradução, apresentação e notas Maria Lúcia Mello Oliveira Cacciola, Márcio Suzuki. – 3ª ed. – São Paulo : Editora WMF Martins Fontes, 2023. – (Obras de Schopenhauer)

Título original: Über die Universitäts-philosophie.
ISBN 978-85-469-0439-6

1. Filosofia alemã I. Título II. Série.

23-142914 CDD-193

Índices para catálogo sistemático:
1. Schopenhauer : Filosofia alemã 193
Aline Graziele Benitez - Bibliotecária - CRB-1/3129

Todos os direitos desta edição reservados à
Editora WMF Martins Fontes Ltda.
Rua Prof. Laerte Ramos de Carvalho, 133 01325-000 São Paulo SP Brasil
Tel. (11) 3293-8150 e-mail: info@wmfmartinsfontes.com.br
http://www.wmfmartinsfontes.com.br

Índice

Apresentação... VII
Uma ilustração para poucos?...................... XXXIII
Cronologia.. XLVII

Sobre a filosofia universitária........................... 1

Apresentação

O ensaio *Sobre a filosofia universitária* faz parte da obra *Parerga e paralipomena*, publicada em 1851. Nesta coletânea de ensaios, além de retomar e ampliar temas de *O mundo como vontade e representação*, tais como a questão da ética, da religião e das ciências naturais, Schopenhauer trata de assuntos hoje inusitados no campo da filosofia, como a vidência (*Versuch über das Geistersehn*), o destino do indivíduo (*Absichtlichkeit im Schicksale des Einzelnen*) e a sabedoria da vida (*Aphorismen zur Lebensweisheit*).

O tom polêmico e acerbamente crítico, visando Fichte, Schelling e principalmente Hegel, chamados de "sofistas", poderá suscitar no leitor um certo mal-estar e irritação pelas prováveis injustiças contra esses pensadores. Esse aspecto controvertido e o feitio panfletário são, sem dúvida, importantes para precisar o estilo de Schopenhauer, mas aqui se trata de discernir o que penso ser uma das principais contribuições do texto. Está em jogo o estatuto da filosofia. A filosofia universitária é o fundo diante do qual, por contraste, Schopenhauer delineia o que é para ele a filosofia verdadeira. É o papel do filósofo que está em questão, e, para isso, Schopenhauer invoca não só o testemunho dos antigos, mas de filósofos de épocas imediatamente anteriores à sua. Importa destacar a especificidade do saber filosófico e suas diferenças em relação aos demais saberes: as ciências, a arte e, acima de tudo, a teologia.

Schopenhauer, neste ensaio, reflete sobre sua atividade e sobre o lugar que, como filósofo, ocupa no presente. *Sobre a filosofia universitária* faz com que a filosofia retorne sobre si mesma, se interrogue e problematize seu presente. Para Schopenhauer o que marca o discurso filosófico é sua incompletude. À diferença da matemática e das ciências empíricas, a filosofia não é um saber pronto e acabado. Isso levanta o problema de sua transmissão como conhecimento. Já que não se trata de um corpo de saber constituído, não pode ser ensinada como as demais ciências, o direito e a teologia. A principal tarefa do filósofo verdadeiro (*wirklicher Philosoph*) é o estímulo para o pensar. A constituição de um pensamento próprio e genuíno contrapõe-se à receptividade passiva de um determinado sistema filosófico. Nesse sentido o texto de um filósofo põe em movimento a atividade de pensar por si só. Pois apenas aquele que pensa "por si" pode chegar a "iluminar os demais". A verdade desinteressada é o único objetivo do sábio, é sua "estrela do norte", a estrela-guia que o afasta dos desvios obscuros do desejo[1].

---

1. Schopenhauer, A., Prefácio à 2ª ed. de *O mundo como vontade e representação*, in *Werke*, ed. Löhneysen, v. I, p. 18.

Verdade e reflexão são conceitos interdependentes que excluem o que Schopenhauer chama de *inspiratio*, quer se trate de uma intuição intelectual, quer de um saber absoluto. Daí a exigência de uma volta a Kant, em vista da filosofia dos pós-kantianos que, ao contornar as proibições impostas pela *Crítica da razão pura*, não teriam respeitado os limites do conhecimento especulativo[2].

A filosofia é, antes de tudo, um conhecimento racional, que pede comunicação clara. Ora, que significa essa "profissão de fé iluminista" em face do "pensamento único" de Schopenhauer, que afirma ser a vontade e não a razão o núcleo do homem? Precisamente porque a vontade é o móbil das ações humanas é que elas são eminentemente interessadas, e os homens submetidos à exigência de autopreservação e perpetuação da espécie e, ainda, à ânsia de prestígio e poder. A destinação do gênero humano, em sua quase totalidade, esgota-se na premência de um querer infinito. O filósofo não pode compactuar com os interesses do homem comum e tem de dirigir todo seu esforço para "decifrar o enigma do mundo", e não para apropriar-se dele e moldá-lo de acordo com seus interesses. É nisso que ele se diferencia do filisteu, o professor de filosofia, às voltas com a imediatez e a serviço de um Estado que representa os interesses da maioria.

No homem, a vontade se objetiva não só como corpo, mas como sujeito do conhecimento, o que possibilita que ela se conheça a si mesma e chegue à sua

---
2. *Idem, ibidem*, pp. 17 e 21.

negação[3]. Revelar o "significado moral do mundo" é a única e suprema tarefa do filósofo verdadeiro. Por isso ele não pode estar submetido a nenhum outro interesse que não seja da busca da verdade.

O Estado e o ensino da filosofia

O Estado assume, para Schopenhauer, um papel meramente negativo, com relação à atividade filosófica. Não deve nem promovê-la, nem subsidiá-la, já que o pensamento poderá ter de pagar tais incentivos com a perda da liberdade. O Estado deve limitar-se a não perseguir os filósofos, garantindo a existência da filosofia. A ele não cabe decidir qual filosofia deve ser ensinada, quais filósofos devem ocupar cátedras, nem como deve ser ministrado o ensino da filosofia. O filósofo que depender da boa-vontade dos ministérios pagará sua subserviência com a paralisia de seu pensamento.

É a concepção schopenhaueriana de Estado que dita a necessidade de que ele tome distância da filosofia. O Estado existe para proteger seus súditos contra abusos mútuos e, embora acima dos indivíduos, está tão sujeito quanto eles ao jogo de interesses que os move. Também o Estado está sujeito ao querer-viver. Mesmo que sua razão de ser seja harmonizar as vontades conflitantes e pôr um fim ao *bellum omnis contra omnes*, é tão subordinado à vontade quanto seus

....
3. Schopenhauer, A., *O mundo como vontade e representação*, in *Werke*, v. I, pp. 380 e 453. "O conhecimento torna possível a supressão (*Aufhebung*) da Vontade, a redenção pela liberdade e o vencer e aniquilar o mundo."

membros. Sua esfera de ação limita-se a meios e medidas destinados a conter "um gênero ruim por natureza". Esse Estado-polícia, instrumento de coerção, nada tem a ver com a liberdade necessária para o pensamento. O Estado nunca pode ser a "manifestação da ordem moral do mundo". Daí a crítica a Hegel, que, segundo Schopenhauer, teria hipostasiado o Estado como um "organismo ético" em que se cumpre a destinação do homem. Isso significaria conceber o indivíduo como uma peça da engrenagem que se destina a coagi-lo. O funcionário não poderia exercer irrestritamente sua liberdade sob pena de perder seu posto. A distinção estabelecida por Kant entre a liberdade no uso público da razão e a liberdade no seu uso privado não resolve o problema[4]. Se, para Kant, aquele que ocupa um cargo, seja de professor ou de sacerdote, tem sua liberdade de expressão restringida, por outro lado, na qualidade de sábio (*Gelehrte*), poderá exercê-la plenamente ao se dirigir ao "público letrado"[5]. Para Schopenhauer o exercício de uma função institucional compromete irremediavelmente a liberdade de pensamento, embora justo Kant figure como louvável exceção à regra, ao menos durante o reinado de Frederico II[6].

Já que o Estado é para Schopenhauer apenas um mal necessário, a existência do indivíduo não se realiza nele "como a da abelha na colméia". E, mesmo que o fim do Estado seja o de promover o bem-estar dos

---
4. Kant, I., *Resposta à pergunta: o que é a Ilustração?*, in *Werke*, ed. Wischedel, v. IX, p. 55, A 485.
5. *Idem, ibidem*, pp. 56 e 57.
6. Schopenhauer, A., *O mundo...*, in *Werke*, v. II, p. 211.

seus membros[7], sua origem é o egoísmo. Um egoísmo que procede metodicamente, indo "do ponto de vista individual para o geral", e é "resultante do egoísmo comum a todos"[8]. O bem que o Estado propicia é o de evitar que seus súditos sofram injustiças, e a máxima que exige o respeito aos outros tem como objetivo garantir o respeito a si mesmo. Schopenhauer distingue nitidamente moral e direito. O conceito de justo e injusto, quando transposto da moral para o direito, sofre uma inversão, "seu ponto de partida vai do lado ativo para o passivo"[9]. É nessa separação entre moral e direito que se apóia sua crítica à doutrina do direito de Kant, em que o ato de fundação do Estado deriva do dever moral, do imperativo categórico. A doutrina de Kant é vista por Schopenhauer como inspiradora das teorias posteriores do Estado como instituição ligada à moralidade. Como na ética schopenhaueriana a moral provém de uma disposição interna, da própria essência livre que é a vontade, ela não poderia ser causada ou modificada por efeitos exteriores. Diz Schopenhauer: "O teorema que afirma que o Estado é a condição da liberdade no sentido moral, e portanto da moralidade, está invertido." A liberdade está naquilo que é "em-si" e, por isso, do outro lado do fenômeno e bem longe das instituições humanas[10].

---

7. *Idem, ibidem*, v. I, p. 472. Aqui Schopenhauer cita a *Política* de Aristóteles, 1280 b 39: "O fim do Estado (Pólis) é o bem-viver, ou seja, viver de modo feliz e belo."
8. *Idem, ibidem*, p. 472.
9. *Idem, ibidem*, p. 471.
10. *Idem, ibidem*, p. 472.

O uso da força coercitiva do Estado, ao aplicar a pena, nada tem de moral em si mesmo. O direito de punir justifica-se na lei positiva, sancionada e reconhecida pelo cidadão e fundamentada no contrato que estabeleceu o Estado. Infligir dor ao injusto, punir por punir, nada tem de moral, é pura e simplesmente crueldade. Para que o castigo se distinga da vingança, ele deve sempre relacionar-se com o futuro e nunca remeter-se ao passado[11].

Se o Estado é incapaz de revelar a "ordem moral do mundo", cabe à filosofia demonstrá-la através dos atos individuais, única matéria (*Stoff*) para a moral, já que é o querer que lhes é essencial e não os seus resultados. Hegel é responsabilizado pela "visão realista banal" de que a matéria da moral é a massa do povo. Tal concepção teria transformado a moral "num mero guia de vida regular no Estado e na família e, portanto, o fim último da existência deveria consistir no filisteísmo metódico completo, feito de prazer e bem-estar"[12]. Assim, para Schopenhauer, é o filósofo que desvenda o sentido moral; e o conhecimento ético e metafísico, sendo o mais elevado, não pode submeter-se a nenhum poder. E, porque a Universidade depende do Estado, ela não pode ser a morada da verdadeira filosofia.

Para esclarecer a relação entre Estado e Universidade, na Alemanha da época de Schopenhauer, é preciso destacar a grande influência que o Estado prussiano exerce sobre as instituições de ensino superior.

---
11. *Idem, ibidem*, p. 475.
12. *Idem, ibidem* v. II, pp. 755, 756 e 757.

Fritz Ringer, no livro *O declínio dos mandarins alemães*, destaca a relevância dos professores universitários que, por constituírem um grupo dotado de forte *esprit de corps*, são chamados por Max Weber de "mandarins". Segundo Ringer, a formação dessa elite intelectual é favorecida pela "transformação gradual de um Estado essencialmente feudal em monarquia solidamente burocrática". Os mandarins "estavam de algum modo associados à administração estatal". Controlavam o sistema educacional e forneciam ao Estado um objetivo cultural, encarregando-se de propalar as intenções culturais do governo[13]. Seu poder era, no entanto, apenas teórico, pois, embora o governo "precisasse de seus serviços como administradores, era ele quem pagava seus salários"[14].

De acordo com o Código Geral Prussiano de 1794, universidades e escolas eram instituições estatais que só podiam ser estabelecidas com permissão oficial. As universidades eram financiadas e administradas pelos vários ministros da cultura. O Código Geral da Prússia e a Lei Disciplinar de 1852 permitiam que o professor, enquanto funcionário do governo (*ordentlicher Professor*), fosse processado, se tivesse, "tanto na vida pública como na vida privada, um comportamento indigno de sua profissão". A admissão nas universidades também dependia dos ministros: só o ministério era responsável pela criação de novos postos requeridos pelas

---
13. Ringer, F., *The Decline of German Mandarins*, Cambridge, Massachusetts, Harvard University Press, 1969, p. 11.
14. *Idem, ibidem*, p. 12.

necessidades didáticas, caso em que devia nomear um professor para o cargo recém-criado. No preenchimento de um posto já existente, a faculdade entregava uma lista tríplice ao ministério, que se reservava o direito de escolha. Mas essa lista poderia ser deixada de lado (como efetivamente muitas vezes o foi) e outro nome ser indicado, de acordo com a vontade do ministério. Além disso os "órgãos de autogoverno acadêmico eram relativamente fracos", diante das decisões ministeriais[15].

A exigência de liberdade e verdade no ensino da filosofia data de Kant. Na obra *O conflito das faculdades*, de 1798, Kant caracteriza a faculdade de filosofia como o lugar do pensamento crítico que se exerce livre e autonomamente. Caberia a essa faculdade, denominada "faculdade inferior", pôr à prova a verdade dos conhecimentos transmitidos pelas três faculdades superiores, a saber, teologia, direito e medicina. Como seu objetivo imediato não era o de fornecer quadros diretamente ligados à administração estatal, a faculdade de filosofia poderia ficar ao abrigo dos interesses do Estado. O conflito entre as faculdades superiores e a inferior é, afinal, um conflito entre sábios, sem perigo de confronto com as diretrizes estatais[16]. Na época de Schopenhauer a faculdade de filosofia, além de estar em desvantagem em relação às demais, é um instrumento dos interesses do Estado. Se há algum conflito, já não se trata de uma luta entre faculdades, mas entre

....
15. *Idem, ibidem*, p. 23.
16. Kant, I., *O conflito das faculdades, in Werke*, v. IX, pp. 289, 290, 291, A 25, 26, 27.

a filosofia universitária e a verdadeira filosofia. Kant projeta para o futuro o papel predominante que a faculdade de filosofia estaria destinada a desempenhar: "não decerto na posse do poder, mas no aconselhar os que o detêm (o governo) a encontrar, na liberdade da faculdade de filosofia e no conhecimento que por isso aí se desenvolve, um meio melhor para atingir seus fins do que na sua própria autoridade absoluta"[17]. O conflito entre as faculdades pode assim conduzir a um aperfeiçoamento e preparar a "supressão de todas as limitações do juízo público pelo arbítrio do governo"[18]. À visão otimista de Kant, contrapõe-se a descrença de Schopenhauer. O que decide é o papel exercido pela razão. Em Kant ela é o juiz do conflito e promulga a sentença final. Em Schopenhauer a instância decisiva é a vontade e seus interesses ocultos.

A religião e a filosofia

Religião e filosofia têm, para Schopenhauer, a função comum de preencher as carências metafísicas do homem, mas distinguem-se totalmente quanto ao método. A religião é por ele chamada de "metafísica do povo", alegoria da verdade filosófica, e opera com símbolos e mitos. A filosofia opera com a linguagem conceitual e deve poder comunicar racionalmente sua verdade. Se a religião é importante enquanto dá uma

17. *Idem, ibidem*, pp. 299 e 300, A 42.
18. *Idem, ibidem*, p. 297, A 38.

resposta à perplexidade humana diante da finitude, quando se trata de *verdade* e de *conhecimento*, e não de *revelação* e *invenção*, o lugar é da metafísica *sensu proprio*[19]. Schopenhauer, de um ponto de vista próximo ao de Hume nos *Diálogos sobre a religião natural*, que freqüentemente cita, vê na religião um poderoso instrumento de controle do povo excluído da cultura. Ao constatar que a importância da religião decresceu porque o povo tornou-se mais exigente, não mais se satisfazendo com artigos de fé, acusa os filósofos de "tentarem vender mitologia por filosofia". O resultado disso seria a filosofia universitária, que não passa de religião oficial mascarada, desde que seu objetivo é servir aos fins do Estado. Assim essa filosofia salvaguarda os dogmas e o *status quo*, impedindo o florescimento de pensadores livres.

Impõe-se mais uma vez a volta a Kant, marco de uma revolução no pensar que leva da minoridade à maioridade. Quem desconhece a filosofia crítica fica na "inocência infantil do realismo", causa de incapacidade para o filosofar. Além disso, conhecer Kant só por meio de seus intérpretes dá no mesmo que desconhecê-lo[20]. Os professores de filosofia, seguidores de Kant, teriam falseado sua doutrina, transformando a razão numa profetisa, "numa faculdade que percebe o que se chama de supra-sensível (a cucolândia das nuvens)". Assim ter-se-iam aventurado no domínio que Kant interditou para sempre ao conhecimento especula-

---
19. Schopenhauer, A., *O mundo...*, in *Werke*, v. II, pp. 214, 215 ss.
20. *Idem, ibidem*, v. I, pp. 21 e 22.

tivo, reintroduzindo os dogmas do judaísmo e do cristianismo. O retorno a Kant é o meio mais eficaz para livrar a filosofia da teologia especulativa e garantir sua independência como saber[21].

Mas é preciso lembrar que Schopenhauer acusa a razão prática e a autonomia do imperativo categórico de serem responsáveis pelos poderes que a razão assumiu entre os pós-kantianos, uma vez que foi o caráter de "potência imediata" da razão prática que se transmitiu à razão teórica[22]. Aliás, Schopenhauer critica Kant por ter desprezado a experiência como fonte do conhecimento filosófico, pondo em seu lugar meros conceitos, no momento em que deduz as categorias da tábua dos juízos lógicos, fazendo com isso que o pensar prevaleça sobre o intuir.

Hegel e o hegelianismo

Hegel teria posto de ponta-cabeça o "processo natural e verdadeiro das coisas", ao partir dos conceitos universais para fundamentar a existência do mundo empírico real. A dialética hegeliana, segundo Schopenhauer, é "um autômato do pensamento", ao privilegiar o movimento do conceito, deixando em segundo plano a intuição.

Essa crítica inscreve Schopenhauer num movimento que surge ainda durante a vida de Hegel. Após sua

---
21. Schopenhauer, A., *Sobre o fundamento da moral*, in *Werke*, v. III, p. 675.
22. *Idem, ibidem*, p. 678.

morte (1831) essas críticas acumulam-se, indo da *Vida de Jesus* de Strauss (1835) e da *Crítica da história da revelação* de B. Bauer (1838) às críticas da chamada esquerda hegeliana, com Feuerbach, Ruge e, mais tarde, Marx. Um fato importante na história dessa crítica é a fundação do *Anuário de Halle* (*Hallische Jahrbücher für deutsche Wissenschaft und Kunst*), que, de início, caracteriza-se por uma orientação centrista. A partir de 1839, o *Anuário* dá uma guinada para a esquerda com a publicação de um artigo de Ruge e três de Feuerbach, um dos quais a famosa "Crítica da filosofia hegeliana". Ao lado dessa corrente pode-se ainda mencionar uma crítica conservadora, representada pelos "teístas especulativos" – como Braniss, Bachmann, Gunther e Beneke –, que discute principalmente problemas de lógica e metafísica. Como exemplo de uma crítica impiedosa contra Hegel, anterior à de Schopenhauer, Hübscher cita o *Anti-Hegel*, de Bachmann, em que este anuncia que o sistema hegeliano "logo se tornaria uma ruína augusta, só esvoaçada por poucos pássaros inimigos da luz"[23].

Schopenhauer faz questão de se destacar dos demais anti-hegelianos. Fareja em Bachmann "hegelharia mascarada" e também não aceita a crítica da esquerda hegeliana. Os colaboradores do *Anuário de Halle* são tratados como "amotinados" e "ladrões de cadáver", e a crítica feita pelos discípulos de Hegel é considerada inócua e exterior, mera "filosofia de diversão" (*Spassphilosophie*), que teria herdado o estilo retó-

---
23. Hübscher, A., *Denker gegen den Strom*, Bonn, Bouvier Verlag, 1973.

rico e vazio de seu mestre "pobre de espírito"[24] e tramado "patranhas ociosas" sobre o pensamento absoluto e a contradição.

A razão que Hübscher aponta para que Schopenhauer não tenha querido "participar de tal coro", tanto o positivista quanto o socialista, está em que ambos excluem a metafísica. Contudo, a razão predominante parece estar na concepção hegeliana de Estado e no método histórico dialético, que, na interpretação de Schopenhauer, teriam permanecido em seus críticos. Assim, Feuerbach, contemporâneo de Schopenhauer, também detecta teologia no idealismo hegeliano. O que chama de "velha filosofia" ou "filosofia especulativa", ou seja, o idealismo, não passaria de uma transposição, para o "eu", daquilo que a teologia atribuía ao ser supremo. O "espírito absoluto" hegeliano e o "eu" fichtiano seriam reencarnações do Deus Criador. Porém, para Feuerbach, a "nova filosofia" que parte do homem na sua humanidade e no seu caráter genérico, é a verdade e a decorrência necessária do idealismo[25]. Ora, Schopenhauer é avesso a qualquer interpretação histórica da filosofia e, quando critica Hegel, toma seu pensamento não como etapa para a verdadeira filosofia,

---

24. Em alemão *Geistlos*, traduzido no texto *Sobre a filosofia universitária* por "sem espírito", pode também significar "pobre de espírito" e é inúmeras vezes empregado por Schopenhauer para qualificar Hegel. Além de referir-se ao conceito hegeliano de Espírito (*Geist*), parece aludir ironicamente à prevenção de Hegel contra o *Geistreich*, o "homem de espírito", em contraposição ao homem sério (ver Paulo E. Arantes, "O paradoxo do intelectual", *Manuscrito*, v. 4, nº 1, 1980).

25. Feuerbach, L., *Principi della filosofia dell'avenire*, Milão, Einaudi, 1948, pp. 84, 85 ss.; pp. 97, 134 e 136.

mas como desvio e entrave para a verdade. Além disso, a concepção feuerbachiana de Estado separa decisivamente os dois contemporâneos. Embora para Feuerbach a essência seja o homem, é só no Estado que essa essência se realiza e se explicita como totalidade[26]. Em Schopenhauer o Estado, além de incapaz de realizar a essência humana, oculta-a em benefício de suas razões.

Fichte e Schelling

Quando o sistema de Hegel perde a supremacia e o caráter de "filosofia oficial", Schopenhauer aponta outro sinal de controle da filosofia universitária pelo Estado: a ida de Schelling para Berlim, em 1840, a chamado de Frederico Guilherme IV, "o romântico no trono". Segundo Hübscher, Schelling teria sido chamado para "ser o mestre da época e com sua sabedoria fortalecer o próprio rei". Tratar-se-ia de uma declaração de guerra aberta contra o hegelianismo, e a missão de Schelling, segundo o próprio rei, "seria a de extirpar a semente de dragão do panteísmo hegeliano". Schopenhauer ironiza a chegada de Schelling a Berlim como o epílogo da grande "farsa Hegel". Essas aulas, iniciadas em 1841, foram o ponto alto do movimento cultural da época[27].

---

26. Feuerbach, L., "Tesi Provisorie per una Riforma della Filosofia", *in Principî...*, Milão, Einaudi, 1948, p. 67.
27. Hübscher, A., *Denker gegen den Strom*, Bonn, Bouvier Verlag, pp. 236, 237. Entre os ouvintes do 1º Semestre estavam: o filósofo da

O juízo de Schopenhauer sobre Fichte leva em conta uma atenuante: o fato de Fichte ter perdido em Jena sua *jus legendi* por não ter submetido sua filosofia a pressupostos religiosos. Mas é logo acusado de, por temor, dar à sua filosofia um tom cristão, transformando em Deus o "eu absoluto". Fichte teria, segundo Schopenhauer, inflado a razão prática kantiana e seu imperativo categórico, instaurando na *Doutrina dos costumes reduzida a sistema* uma espécie de "fatalismo moral". Schopenhauer destaca alguns trechos dessa obra, como, por exemplo, o que diz ser o homem "um veículo para a lei moral" e o que afirma que "o corpo do homem é um instrumento potente para a realização da razão, tomada como fim", para mostrar que Fichte teria feito uma caricatura da filosofia de Kant, exagerando seus pontos salientes[28].

Kant é, portanto, a única exceção, o único filósofo que pôde viver da filosofia sem transformar-se num sofista, pelo menos enquanto contava com a proteção de Frederico II. Depois da morte do rei e de sua sucessão, o próprio Kant teria recuado e "por temor", na segunda edição da *Crítica da razão pura*, "modificado, pervertido e castrado" sua obra[29].

---

natureza Henrik Steffens; o zoólogo Lichlentein; Savigny, o fundador da Escola Histórica do Direito; Bakunin, que mais tarde iria fundar a 1ª Internacional, e o jovem jornalista Friedrich Engels.

28. Schopenhauer, A., *Sobre o fundamento da moral, in Werke*, v. III, pp. 710, 711 e 712.

29. Schopenhauer, A., *O mundo..., in Werke*, v. II, p. 211.

Filosofia: ciência e arte

Como saber racional a filosofia tem por instrumento a linguagem. A filosofia deve ser um conhecimento comunicável e, portanto, um racionalismo[30]. Distingue-se das demais ciências porque, em vez de ser regida pelo princípio de razão, este é seu objeto. É um saber mais alto que as ciências, pois vai mais longe que elas, explicando seus fundamentos. Assim, cada ciência possui sua filosofia, havendo uma filosofia da botânica, outra da zoologia, e assim por diante. Por filosofia da ciência "nada mais deve ser entendido do que os resultados principais de uma ciência, considerados e apreendidos de um ponto de vista mais alto, isto é, mais geral"[31].

Hübscher nota que Schopenhauer, desde os escritos de juventude, teria posto as ciências da natureza a serviço de sua metafísica da vontade e só num escrito tardio, *Sobre a vontade na natureza*, teria partido dos fatos da ciência para daí elevar-se até a metafísica. O objetivo desse escrito é a confirmação da doutrina da vontade pelas descobertas das ciências naturais, e a chancela *a posteriori* das ciências serviria como resposta ao descrédito de Schopenhauer junto aos filósofos de profissão[32].

A filosofia não é religião, pois não pode aceitar o dogma, e também não é propriamente ciência, porque

---
30. Schopenhauer, A., *Sobre a filosofia e o seu método, in Werke*, v. V, p. 17.
31. Schopenhauer, A., *O mundo...*, in *Werke*, v. II, p. 166.
32. Hübscher, A., *op. cit.*, p. 230.

seu ponto de vista é o geral. Essa generalidade, porém, não pode resultar de uma mera abstração conceitual. Schopenhauer critica Kant quando este define a filosofia como "ciência que partiria de meros conceitos" e, ainda com maior ênfase, as tentativas de combinações de conceitos dos "sofistas" pós-kantianos[33]. A fonte da verdadeira filosofia é, para Schopenhauer, a experiência interna e externa. É isso que a faz aproximar-se da arte e da poesia: deve apreender o mundo de modo imediato e intuitivo. Nesse sentido, "tem um parentesco quase tão grande com a arte quanto com a ciência"[34]. A proximidade com a arte já está marcada nos escritos de juventude, quando afirma que sua filosofia, à diferença das demais e excetuando a de Platão, é arte e não ciência[35].

A filosofia está perto da arte enquanto apreende a verdade que se oculta sob a mera aparência. Já que as ciências movem-se apenas no mundo das aparências, no espaço e no tempo, não podem conhecer o que é verdadeiramente objetivo. Só a arte e a filosofia podem captar a essência, e é nisto que mais se aproximam. Mas, quanto à exposição, filosofia e ciência identificam-se, pois ambas são saberes racionais e comunicáveis. É também numa intenção polêmica, contra a "abstração conceitual" da filosofia universitária, que Schopenhauer afirma o caráter de "arte" da filosofia. Ela deve ter um

....
33. Schopenhauer, A., *Sobre a filosofia e o seu método*, in *Werke*, v. V, p. 15.
34. Schopenhauer, A., *O mundo...*, p. 166.
35. Schopenhauer, A., *Manuscrito póstumo*, Munique, DTV, 1985, v. IV, p. 21.

conteúdo "real", isto é, partir da singularidade em direção ao seu núcleo, dando a ver a essência metafísica que confere realidade ao fenômeno.

O "Kaspar Hauser" da filosofia

É bem conhecido o insucesso da breve carreira acadêmica de Schopenhauer em Berlim, onde contava com cerca de quatro ou cinco alunos. Sua convocação para Giessen, em 1821, não se realizou. Também fracassou a tentativa, apoiada por Goethe, de que ele ocupasse a cátedra de Jacob Fries em Jena. O plano de Habilitação em Würzburg acabou por não dar em nada.

Não teve melhor sorte com a repercussão de suas obras. A primeira edição de *O mundo como vontade e representação* foi pouco citada nos compêndios de história da filosofia da época. Destino semelhante coube à segunda edição, publicada em 1844[36].

Dorguth, um dos discípulos de Schopenhauer, o chama de "Kaspar Hauser", e ele adota de bom grado tal epíteto no início da obra *Sobre a vontade na natureza*. O esquecimento por parte do círculo filosófico da época faz com que ele pense numa conspiração de silêncio tramada contra sua obra. Aliás, o episódio do João do Deserto, com quem Schopenhauer por certo se identifica, mostra bem seus sentimentos em relação aos filósofos de profissão.

Para Hübscher o silêncio que se fez em torno da obra do filósofo foi a conseqüência da "oposição a uma

---
36. Hübscher, A., *op. cit.*, pp. 224, 225, 232.

filosofia que contrariava todas as tendências da época"[37]. A filosofia de Hegel, alvo principal dos ataques de Schopenhauer, de fato dominava as universidades, durante as três primeiras décadas do século XIX. Mas, mesmo depois que o hegelianismo perde sua supremacia, pouco se altera a sorte dos escritos de Schopenhauer. A segunda edição de *O mundo...*, em 1844, é também pouco notada.

Só por volta de 1850, com a publicação dos *Parerga*, o pensamento de Schopenhauer ganha um lugar nas discussões filosóficas. Hübscher considera que esse interesse não se refere ao conteúdo do pensamento do filósofo, mas está ligado a um sentimento de descrença diante do Estado e do processo histórico. Assim, a maior divulgação da obra de Schopenhauer seria devida a uma circunstância histórica favorável, que acolhe aspectos inessenciais de seu pensamento[38]. Ora, pode-se objetar que as concepções de história e de Estado, no pensamento de Schopenhauer, longe de se constituírem em aspectos inessenciais, fazem parte do núcleo de sua filosofia, que busca desvelar uma verdade intemporal. O Estado e a história, meros fenômenos da vontade, não têm, por si sós, uma existência "real".

A recusa da história como temporalidade real e a afirmação de que ela é "a eterna repetição do mesmo" tornou-se objeto das mais variadas interpretações de seus leitores. A começar de Nietzsche que, na terceira

---

37. *Idem, ibidem*, p. 224.
38. *Idem, ibidem*, p. 237.

das *Considerações extemporâneas*, intitulada "Schopenhauer Educador", vê na negação do processo histórico a recusa de Schopenhauer a seu próprio tempo. A falta de sentido histórico de Schopenhauer e sua "extemporaneidade" denunciariam a indigência de seu próprio tempo: "os escritos de Schopenhauer podem ser usados como espelho do tempo; e com certeza não é por um defeito do espelho que nele tudo o que é contemporâneo se torna visível como uma doença deformante, como magreza e palidez, como olheiras e caras abatidas, como as marcas visíveis do sofrimento daquela infância de enteado"[39]. Ou seja, Nietzsche parece querer suprir em Schopenhauer a sua "falta de sentido histórico", "pecado hereditário dos filósofos".

A filosofia, para Schopenhauer, revela a essência humana, que é a mesma em qualquer tempo e lugar, e a história, na multiplicidade de seus eventos, serve apenas para comprovar tal verdade. Já que o tempo é "ideal", ele só existe para nós e não em si mesmo. Numa carta a Frauenstädt de julho de 1855, Schopenhauer critica o hegelianismo presente na *História da filosofia moderna* de Kuno Fischer, nos seguintes termos: "contaminado pela hegelharia, ele constrói a história da filosofia a partir de padrões *a priori*, e por isso sou, como pessimista, o oposto de Leibniz, como otimista; isso se deduz do fato de que Leibniz viveu numa época rica de esperanças, eu, porém, numa época desesperada e infeliz. *Ergo*, se eu tivesse vivido em

---
39. Nietzsche, F., *Considerações extemporâneas*, in *Obras incompletas*, São Paulo, Abril, 1978, p. 73. (Coleção "Os pensadores".)

1700, teria sido um Leibniz, otimista e bem posto, e ele seria eu, se tivesse vivido agora! Tal é a loucura que vem da hegelharia: ainda por cima meu pessimismo desabrochou de 1814 a 1818 (então apareceu completo), que foi a época mais cheia de esperanças, depois da libertação da Alemanha"[40].

Apesar da aversão de Nietzsche pelo hegelianismo, e de sua concepção bem diversa da história, no caso da interpretação do pessimismo de Schopenhauer, ele poderia incorrer na mesma censura.

Karl Löwith também interpreta historicamente as vicissitudes por que passou a filosofia de Schopenhauer, ou seja, sua marginalização até 1850 e seu sucesso posterior. Para Löwith, "a refutação do sentido histórico não impede que a ação histórica de Schopenhauer só comece efetivamente quando a intelectualidade alemã, após o fracasso da Revolução, esteja madura para recebê-la". Assim o abatimento reinante nos meios intelectuais, com a derrota da Revolução de 1848, teria criado um ambiente propício para a receptividade de sua filosofia. Löwith cita as cartas de Feuerbach, a autobiografia de Wagner e as lembranças de A. Herzen como indícios de tal desânimo[41].

G. Lukács, na *Destruição da razão*, vincula tanto o que chama de "irracionalismo" schopenhaueriano quanto os reveses sofridos pela sua obra a condições político-econômicas. O sucesso de seu pessimismo, a

---

40. *Schopenhauers Briefe*, Carta de 15 de julho de 1855, ed. Insel, Leipzig, 1911, pp. 286-7.

41. Löwith, K., *De Hegel a Nietzsche*, Paris, Gallimard, 1969, pp. 224, 225.

partir de 48, vai coincidir com a miséria alemã e com o desespero que toma conta da intelectualidade burguesa. Lukács reconhece os dotes filosóficos e a sagacidade de Schopenhauer ao destacar fenômenos que no seu tempo só existiam como germes e só décadas mais tarde haveriam de converter-se em sintomas gerais de um período[42].

O gênio e o filisteu

No contexto do pensamento de Schopenhauer, pensar "fora" do tempo significa manter-se afastado do imediatismo dos próprios interesses e estar exclusivamente voltado para a verdade "intemporal". A oposição entre gênio e filisteu corresponde à que existe entre a filosofia verdadeira e a filosofia universitária.

O filósofo verdadeiro é gênio, porque tem a capacidade de afastar-se dos interesses mundanos, o que exige uma força intelectual bem pouco comum. O filósofo é o altruísta por excelência, "é aquele de quem a humanidade aprende o que ele não aprendeu de ninguém". Busca "por si" o verdadeiro conhecimento, pois a filosofia do "tempo de agora" (*Jetztzeit*) está cheia de pressupostos que barram o caminho para a verdade e embotam a capacidade de julgar[43]. O gênio não tem de ficar de bem com a vida, nem poderia, se assim o quisesse. Ela, a vida, não basta para quem foi destina-

---
42. Lukács, G., *El asalto a la razón*, Barcelona, Grijalbo, 1976, p. 162.
43. Schopenhauer, A., *Parerga e paralipomena*, in *Werke*, v. V, p. 94.

do pela natureza a revelar seus segredos[44]. O gênio é o acima-do-homem (*Übermenschiches*) e o divino (*Göttliches*), pela potência (*Macht*) que faz com que ele se liberte da vontade[45].

O filisteu, ao contrário, não quer ultrapassar-se, sua vida consome todo o seu esforço, seu objetivo é o ganho e não a sabedoria. Schopenhauer é um continuador da crítica romântica ao filisteísmo, que se origina em Tieck. A ironia que visa os homens de vida tão regular como o relógio lhe é bem familiar. O filisteu é o erudito pedante que só pensa na própria vantagem. O professor de filosofia que pauta seus ensinamentos de acordo com os ditames do Estado e da religião é o tipo acabado do filisteu. A idolatria do Estado é a apoteose do filisteísmo.

Schopenhauer, ao tomar distância da filosofia de seu tempo, vai em busca de uma filosofia livre que deixe transparecer a verdade. A crítica do presente filosófico é a crítica dos valores que dominam a cultura de seu tempo, indignos do saber mais alto a que o homem pode chegar, o conhecimento metafísico. Rememorando os grandes nomes da história da filosofia, Schopenhauer quer reconstruir uma filosofia originária, intocada pelos valores utilitaristas de sua época. No conjunto de aforismos dos *Parerga*, intitulado *Sobre a erudição e os eruditos*, Schopenhauer, ao defender a *Teoria das cores* de Goethe, ataca os especialistas (*Leuten von Fach*). Afirma que o público despreza os diletantes, os que se

---

44. Schopenhauer, A., *Manuscrito póstumo*, v. I, § 576, p. 391.
45. *Idem, ibidem*, p. 407.

dedicam a uma ciência ou arte *con amore*, porque acredita que "ninguém levará a sério alguma coisa se não for estimulado pela necessidade, pela fome ou por qualquer outra cobiça". Contra a opinião comum, faz a defesa dos *dilletanti*, já que para estes "sua ocupação é um fim, enquanto para os especialistas é apenas um meio". O público culto procura apenas "bem-estar e passatempo" e, quando quer ler algo instrutivo, acha que vai encontrá-lo nos escritos dos especialistas, "confundindo os que vivem de alguma coisa com os que vivem para ela"[46]. Schopenhauer argumenta, citando *O sobrinho de Rameau* de Diderot: "Aqueles que ensinam uma ciência não são os que a entendem e a levam a sério, pois a estes não sobra tempo para ensiná-la."[47]

Assim Schopenhauer dá continuidade à crítica ao *Brotgelehrte* ("o especialista mercenário, o douto que faz de sua *Gelehrsamkeit* um ganha-pão")[48], que se inicia na Alemanha com Schiller e chega até Nietzsche, caracterizando-se "pelo horror à especialização"[49].

Na III Extemporânea, Nietzsche retoma os temas da dissertação de Schopenhauer sobre a filosofia universitária. A dependência da filosofia em relação ao Estado é um dos alvos principais da crítica de Nietzsche. Pois, para ele, "o Estado nunca tem empenho pela ver-

---
46. Schopenhauer, A., *Sobre a erudição e os eruditos*, in *Werke*, v. V, p. 567.
47. *Idem, ibidem*.
48. De acordo com Paulo E. Arantes, no artigo já citado, página 75.
49. *Idem, ibidem*. No caso de Schopenhauer o "horror à especialização" é personificado sobretudo pela filosofia universitária; ver nota 17 ao referido artigo.

dade, mas apenas pela verdade que lhe é útil ou, dito com mais exatidão, tem empenho, acima de tudo, por aquilo que lhe é útil, seja verdade, meia-verdade ou erro". Se a dignidade da filosofia está perdida, seus "verdadeiro amigos" têm de provar que o que é ridículo e insignificante não é a própria filosofia, mas seus "falsos servidores". "Schopenhauer educador" teria, segundo Nietzsche, provado que o "amor pela verdade é algo temível e poderoso" e teria previsto o destino inglório da filosofia universitária e a mediocridade crescente dos professores de filosofia ainda na época em que Nietzsche era estudante[50].

---

50. Nietzsche, F. *Considerações extemporâneas*, in *Werke*, Munique, DTV, 1980, v. I, pp. 422, 426.

Uma ilustração para poucos?

"A respeitável palavra 'Ilustração' tornou-se uma espécie de xingamento; os grandes homens do século passado, Voltaire, Rousseau, Locke e Hume, são caluniados – esses heróis, esses notáveis, esses benfeitores da humanidade, cuja glória, difundida pelos dois hemisférios, agora só pode ser reconhecida pelo fato de que os obscurantistas, em todo momento e lugar que apareçam, são seus ferrenhos inimigos – e têm razão para isso."

No ensaio *Resposta à pergunta: o que é a Ilustração?*, Kant faz uma conhecida e não menos citada distinção entre o uso público e o uso privado da razão, distinção que define criticamente em que condições e limites é possível a *Aufklärung*. Dada a importância dessa passagem, e sua recorrência neste trabalho, não custa por isso citá-la mais uma vez: "Que restrição", pergunta Kant, "é impeditiva à Ilustração? Qual não, mas, pelo contrário, lhe é até favorável? Eu respondo: o uso *público* de sua razão sempre tem de ser livre, e só ele pode realizar a Ilustração entre os homens; mas o *uso privado* dela pode muitas vezes ser estreitamente limitado, sem que, por isso, o progresso da Ilustração seja especialmente impedido."[1] Para elucidar sua definição, Kant acrescenta: "Entendo sob uso público de sua própria razão aquele que alguém dela faz como *sábio* (*Gelehrter*), diante de todo o público do *mundo leitor*. Chamo uso privado

----
1. Kant, I., *Beantwortung der Frage: Was ist Aufklärung?*, A, 484.

aquele que alguém pode fazer de sua razão num certo *posto civil* ou cargo que lhe foi confiado."[2]

Seguem-se então alguns exemplos: no uso privado de sua razão, um oficial não pode perder tempo raciocinando (*räsonnieren*) sobre a ordem de um superior, mas tem de obedecê-la e fazer com que seja obedecida; no púlpito ou na aula de religião, um sacerdote não pode interpretar um texto bíblico de maneira diferente da que a religião oficial prega. Mas ambos podem – como sábios – raciocinar à vontade, tão logo se dirijam ao público leitor ou à comunidade de sábios (*Gelehrsamkeit*).

Em *O conflito das faculdades*, de 1794, Kant faz uma especificação ulterior ao ensaio de 1783. Ali, ele reserva um espaço no âmbito do ensino universitário no qual não se deve simplesmente *obedecer* – ou seja, usar a razão segundo as regras do jogo acadêmico –: a filosofia é a cátedra em que, pelo contrário, se pode e deve *raciocinar* (*räsonnieren*). Diversamente do que ocorre nas três faculdades superiores (direito, teologia e medicina), em que a obediência às normas do governo é a regra a ser cumprida, muitas vezes em detrimento da verdade, na filosofia a palavra de ordem é a reflexão sobre a verdade das doutrinas ensinadas nas outras cátedras. Em vista dessa sua tarefa crítica, a filosofia torna-se inteiramente indispensável no currículo universitário: "Numa universidade, é preciso que se funde tal departamento, isto é, é preciso que haja uma faculdade filosófica. Em relação às três faculdades superiores, a filosofia serve para controlá-las e é justamente por isso que

---

2. *Idem, ibidem*, A, 485.

ela lhes é útil, pois tudo depende da *verdade* (a condição essencial e primeira de toda sabedoria); mas a *utilidade*, prometida pelas três faculdades superiores em função do governo, é apenas um momento de segunda importância."[3] Apesar de sua denominação como "faculdade inferior", a filosofia goza de uma condição ímpar no âmbito acadêmico: "A faculdade filosófica pode, portanto, tomar todas as doutrinas em consideração, para submetê-las à prova."[4]

* * *

Publicado em 1851, o ensaio *Sobre a filosofia universitária* pode ser lido, entre muitas interpretações possíveis, como uma tomada de posição, por parte de Schopenhauer, ante os problemas que permeiam o intento ilustrado, tal como exposto nestes e noutros textos de Kant (principalmente na *Idéia de uma história universal de um ponto de vista cosmopolita*). De um lado, é preciso reconhecer que todo esse projeto kantiano – como possibilidade de uma "abertura" (*Öffentlichkeit*) na sociedade civil e mesmo de um "juízo livre" da influência do Estado no domínio acadêmico – fracassou, embora tivesse sido válido, como se verá, como conduta moral de um único indivíduo (a saber, o próprio Kant, que soube diferenciar seu trabalho filosófico de sua atividade catedrática). Por outro lado, no entanto, é possível rastrear nesse texto, para além dessa crítica "vela-

---
3. Kant, I., *Der Streit der Fakultaten*, A, 25-6.
4. *Idem, ibidem*, A, 27.

da" a Kant e do ataque frontal à "pseudofilosofia" dos professores, indicações do que seria a *Aufklärung* – certamente uma *Aufklärung sui generis* – no pensamento de Schopenhauer. (Tarefa temerária, sem dúvida, já que, conforme se pode ver no índice analítico organizado por Wolfgang Löhneysen para as obras do autor[5], Schopenhauer teria utilizado a palavra *Aufklärung*, em seu sentido técnico, em apenas uma passagem de seus escritos – que aliás figura como epígrafe deste trabalho –, o que, por si só, desaconselharia a empreitada de tentar buscar uma vertente iluminista em seu sistema.)

O ponto de partida para as reflexões de Kant em relação ao problema é, desde logo, a busca de uma definição transcendental de seu conceito: "o que a Ilustração é 'em si, antes de, seja pelo que for, ser desviada de sua destinação'"[6]. Ora, para Schopenhauer, pelo contrário, trata-se justamente de descrever o desvio de rota que afastou a Ilustração de seu destino. A retrospectiva da literatura e da filosofia alemãs dos últimos cinqüenta anos, adverte o autor dos *Parerga*, é suficiente para diagnosticar que o plano idealizado por Kant – segundo o qual haveria uma lenta aproximação do público em direção à Ilustração[7] – não pôde ser levado a cabo. A tese, por exemplo, da liberdade acadêmica da filosofia em face dos *Triebfedern* do Estado é, no mínimo, ingê-

....
5. Schopenhauer, A., *Sämtliche Werke*, Stuttgart, Cotta-Insel, 1965, t. V, p. 908.
6. Segundo Rubens Rodrigues Torres Filho, em seu ensaio "Respondendo à pergunta: quem é a Ilustração?", *in Ensaios de filosofia ilustrada*, São Paulo, Brasiliense, 1987, p. 95.
7. Kant, I., *Beantwortung der Frage...*, A, 485.

nua, pois não leva em conta o fato de que, "antes de mais nada, um governo não pagará pessoas para que contradigam direta ou mesmo indiretamente o que faz apregoar em todos os púlpitos por milhares de sacerdotes ou professores de religião por ele empregados"[8]. Sob essas condições, a filosofia universitária não pôde deixar de ser a *ancilla theologie*, como pretendia Kant em *O conflito das faculdades*[9].

Schopenhauer descreve o processo que torna a Ilustração inviável sem fazer referência aos textos kantianos, mas seu posicionamento em face dos problemas levantados por esses textos salta aos olhos: "O erro fundamental repousa, aqui, no fato de que as universidades se atribuem, também nas coisas da filosofia, a última palavra e o voto decisivo, que cabem, em caso de necessidade, às três faculdades superiores, cada uma em seu domínio. Contudo, não se percebe que na filosofia, como numa ciência que ainda deve ser descoberta, outra coisa se passa."[10] A universidade, como porta-voz do governo, não concede à filosofia o tratamento especial que Kant lhe havia reservado, fazendo com que ela não se distinga das outras disciplinas. Por isso, "o estudante pode chegar a pensar que, da mesma forma que o professor de teologia domina profundamente sua dogmática, o professor de direito suas pandectas e o de medicina sua patologia, também o professor que ocupa o posto mais alto, o de metafísica, teria de dominá-la profundamente. Assim, o estudante vai para os cursos com confiança in-

---
8. Schopenhauer, A., *Sobre a filosofia universitária*, p. 4.
9. *Idem, ibidem*, p. 80; Kant, *Der Streit...*, A, 26-7.
10. Schopenhauer, A., *Sobre a filosofia universitária*, p. 67.

fantil e, já que encontra um homem que, com ares de reflexão conscienciosa, critica de cima para baixo todos os filósofos que porventura ali estiveram, então ele não duvida ter chegado à ferraria certa e imprime em si credulamente toda a sabedoria que ali borbulha, como se estivesse sentado diante do tripé da Pítia."[11]

Em sua inocência, o estudante se submete à direção espiritual imposta pelo seu "tutor" (*Vormünder*), renunciando à condição de maioridade intelectual. A partir de então, não há para ele, naturalmente, "nenhuma filosofia além da de seu professor"[12]. Este fato explica também por que o mundo leitor (*Leserwelt*) perpetuou seu estado de minoridade, pois, mesmo após os anos de formação, o estudante continua comprando "os filhos do espírito do seu professor, que aparecem a cada feira de livros, e cujas múltiplas reedições só se explicam por tal andamento das coisas"[13]. Diante desse quadro, a sutil distinção entre o uso público e o privado, a crença em um "público transcendental"[14], em que se jogavam as esperanças em relação ao progresso das Luzes, perde toda a sua força. O intento ilustrado esboçado por Kant fracassou[15].

....
11. *Idem, ibidem*, p. 67-8.
12. *Idem, ibidem*, p. 68.
13. *Idem, ibidem*, p. 68.
14. A idéia de um "público transcendental" ou "público de direito" é de Rubens Rodrigues Torres Filho (no ensaio citado, à página 97). Sobre a distinção entre "público real" (ou "de fato") e "público virtual", cf. Sartre, "Pour qui Écriton?", *in Qu'est-ce que la Littérature?*, Paris, Gallimard, 1981, p. 105.
15. A encenação dos professores também invadiu a *Öffentlichkeit*: "eles se aglomeram como todos os fracos, formam panelinhas e partidos, apo-

Mas esse fracasso tem uma explicação mais profunda, uma causa por assim dizer "metafísica". A acomodação ao estado de minoridade é proveniente do modo do indivíduo de libertar-se de sua vontade e de conhecer sua essência. Ora, esse medo – medo diante da verdade do fato de que os desejos jamais serão plenamente satisfeitos – é o fundamento não só da dependência em relação ao tutor (e deste, ao Estado), mas também de todo apelo do ser humano a uma instância divina: "O essencial, no entanto, é a necessidade de se humilhar e de chamar por ajuda que o ser humano temeroso sente em sua freqüente, lastimável e grande miséria, mas também em vista de sua felicidade eterna. O ser humano prefere contar mais com a graça alheia que com o próprio mérito: esse é o principal sustentáculo do teísmo."[16]

Assim, é possível perceber na "natureza humana" uma *propensão* não só à sociabilidade – fundada na dependência de um indivíduo em relação ao outro –, mas também à crença em Deus. Ocorre, por outro lado, que esse *Drang* em direção ao Criador tem também, no interior do sistema schopenhaueriano, um valor positivo semelhante ao das religiões orientais[17]: contendo uma ver-

....
deram-se dos jornais literários, em que, como nos próprios livros, falam com profunda veneração e ares de importância de suas respectivas obras-primas, enganando o público míope debaixo de seu nariz" (p. 60). Cf. também pp. 45-60.

16. Schopenhauer, A., *Fragmente zur Geschichte der Philosophie*, in *Sämtliche Werke, op. cit.*, t. IV, p. 147.

17. Pelo menos em sua versão cristã: "Os resultados morais do cristianismo, até a suprema ascese, podem ser encontrados em minha doutrina (*bei mir*) fundamentados de maneira racional e coerente com as coisas;

dade "alegórica" – o ensinamento metafísico de que a vida do indivíduo não se esgota com a morte –, a religião liberta em certa medida do medo da morte, revelando a sobrevivência da vontade. É nesse sentido que Schopenhauer nomeia a religião como "metafísica do povo":[18] orientada para a educação do povo, ela não deixa de ter sua utilidade; o erro seria tentar transgredir esse limite, fazendo-a passar pela verdade metafísica *sensu proprio*. Trata-se, por isso, não tanto de negar os dogmas religiosos, mas sim – numa questão tipicamente kantiana – de estabelecer o âmbito de sua validade.

É justamente por isso que, aos olhos de Schopenhauer, a atividade acadêmica de Kant assume um caráter exemplar. Ele soube manter o mais distante possível o professor do filósofo, pois, ainda que tivesse de ensinar filosofia e religião como empregado do Estado, não deixou de refutar a validade das provas da existência de Deus em sua doutrina. Por causa dessa coerência[19], ele é como um modelo, uma *exceptio quae firmat regulam*, *contra* os pós-kantianos que, investidos em suas cátedras, fizeram de tudo para obnubilar as fronteiras entre o *Glauben* e o *Wissen*, atuando como *impeditivos* ao

....
ao passo que no cristianismo eles são fundamentados por meio de meras fábulas. A fé nessas fábulas diminui a cada dia; por isso será preciso dirigir-se à minha filosofia" (Schopenhauer, *Fragmente zur Geschichte der Philosophie*, p. 165).

18. Schopenhauer, A., *Sobre a filosofia universitária*, p. 5.

19. É curioso notar que, nesse texto, a figura de Kant se apresenta de maneira inequivocamente favorável, ao contrário de outros ensaios em que Schopenhauer o acusa de "ter dado motivo para a charlatanaria filosófica" dos pós-kantianos. (Veja-se nota 14 da presente tradução. Veja-se também *Os dois problemas da ética* e os *Fragmentos para a história da filosofia*.)

progresso das Luzes. Contrariamente à lição de Kant, confundiram as regras do jogo, transformando a cátedra filosófica num "confessionário público, onde se faz profissão de fé *coram populo*"[20].

Presos à vontade mais cega – que não deixa ver as coisas em toda a sua "clareza" –, os professores de filosofia só enxergam os fins do Estado que lhes dá o pão, perpetuando uma dependência pela qual eles próprios são culpados. O objetivo de suas investigações passa a ser então a explicação dessa "relação substancial" em que "a finalidade do Estado transforma-se na finalidade privada sob a forma de luta pelos postos mais elevados"[21]. O exemplo máximo dessa "teleologia", em que as carências naturais dos indivíduos se satisfazem – abstratamente, é claro – na instância estatal, não poderia ser senão a doutrina do Estado de Hegel: "Esses fins estatais da filosofia universitária foram, porém, os que propiciaram à *hegelharia* um favor ministerial tão ímpar. Pois, para ela, o *Estado* era o 'organismo ético absolutamente perfeito', fazendo com que todo o fim da existência humana se absorvesse no *Estado*."[22]

Para Schopenhauer, é na tentativa de fundamentação dessa "teleologia" – a suposição de um plano "oculto"

---

20. Schopenhauer, A., *Sobre a filosofia universitária*, p. 22.
21. Marx, Crítica do direito público hegeliano. Citado por P. Arantes, "Paradoxo do Intelectual", *Manuscrito*, v. 1, nº 1, 1980, p. 77. Ensaio, aliás, elucidativo para compreender a ideologia ("fora de lugar") do intelectual na Alemanha do século XIX e, por assim dizer, sua contrapartida: a aversão ao *Brotgelehrter*, que permeia o pensamento que vai de Schiller a Schopenhauer.
22. Schopenhauer, A., *Sobre a filosofia universitária*, p. 17. A mesma idéia se repete às páginas 26-7.

da natureza que impele os homens à fundação do Estado e da própria "constituição cosmopolita" – que se pode perceber com maior nitidez o que caracteriza a "pseudofilosofia" dos pós-kantianos: nesse processo de abstração, perde-se o real, e principalmente o indivíduo, com sua dissolução no Estado e na história universal[23].

Ora, é justamente no indivíduo – e não na espécie – que se pode pensar a idéia de uma finalidade da natureza e, tanto quanto seja permitido supor aqui, a própria idéia de "Ilustração" na filosofia schopenhaueriana: "Plano e totalidade não estão na história universal (*Weltgeschichte*), como supõe a filosofia dos professores, mas na vida do indivíduo. Os povos existem meramente *in abstracto*: os indivíduos são o real. Por isso, a história universal não tem um significado metafísico direto: ela é apenas uma configuração casual."[24]

A natureza pode, certamente, ser pensada segundo uma finalidade, como pretendia Kant; contudo, esse "plano" não serve como fundamento para uma teoria do Estado nem como fio condutor para a compreensão da história universal, tal como na proposição final da *Idéia*

....
23. "A imagem *alemã* do Estado moderno, que faz abstração do *homem real, só era possível porque e enquanto o próprio Estado moderno faz abstração do homem real* ou satisfaz o homem *total* de modo puramente imaginário", diria Marx, numa argumentação análoga à de Schopenhauer. Marx, *Crítica da filosofia do direito de Hegel, Introdução, Temas*, nº 2, São Paulo, Grijalbo, 1977, p. 7, trad. de José Carlos Bruni. Citado por P. Arantes, "Paradoxo do intelectual", p. 75.
24. Schopenhauer, A., *Transzendente Spekulation über die anscheinende Absichtlichkeit im Schicksale des Einzelnen, in Sämtliche Werke, op. cit.*, t. IV, p. 249.

de uma história universal de um ponto de vista cosmopolita: "Uma tentativa filosófica de elaborar a história universal do mundo segundo um plano da natureza que vise à perfeita união civil da espécie humana deve ser considerada possível e mesmo favorável a esse propósito da natureza."[25] Ora, uma explicação teleológica que extrapole os limites da esfera individual corre o risco de criar hipóstases, reintroduzir argumentos teológicos ou simplesmente cair na mera ficção, como já alertava o próprio Kant na seqüência da proposição citada: "É um projeto estranho e aparentemente absurdo querer redigir uma *história* (*Geschichte*) segundo uma idéia de como deveria ser o curso do mundo, se ele fosse adequado a certos fins racionais – um tal propósito parece somente poder resultar num romance."[26]

Para Schopenhauer, pelo contrário, cada ser humano deve ser compreendido como uma obra acabada, *final*, da natureza. Trata-se, por isso, muito menos de conjecturar sobre a vida futura da humanidade, do que de redigir um "romance" da vida individual: "Quando repassamos em pensamento (*durchdenken*) várias cenas de nosso passado, tudo nos parece tão bem tramado como num romance inteiramente estruturado segundo um

---

25. Kant, I., *Idéia de uma história universal de um ponto de vista cosmopolita*, São Paulo, Brasiliense, 1986, p. 22, trad. de Rodrigo Naves e Ricardo Ribeiro Terra. (Coleção "Elogio da Filosofia".)

26. *Idem, ibidem*, p. 22. Sobre o risco de os argumentos teleológicos transformarem-se em "provas" físico-teológicas, veja-se J. Salaquarda, "Schopenhauers Kritik der Physikotheologie", *in Schopenhauer im Denken der Gegenwart – 23 Beiträge zu seiner Aktualität*, Munique, Piper, 1987, pp. 89-90. (Coletânea organizada por Volker Spierling.)

plano."²⁷ Isso porque, "ainda que possa parecer confusa, a vida (*Lebenslauf*) do indivíduo é um todo harmônico que possui uma tendência determinada e um sentido instrutivo, tal como a mais bem pensada epopéia"²⁸.

Por outro lado, embora todos os indivíduos tenham sido produzidos pela mesma "manufatura da natureza", é preciso distinguir entre os que compreendem as "intenções" que a natureza tem para com eles – não confundir certamente com as intenções do governo para com seus funcionários – e os outros que permanecem inteiramente inconscientes dessa verdadeira finalidade natural. Foi só em algumas cabeças singulares, "e não nas outras", que "a natureza chegou a uma mais clara consciência de si mesma"²⁹; é por meio desses indivíduos, desses "eleitos pela aristocracia da natureza" (que libertaram seu intelecto da "tutela" da Vontade e ousaram conhecer sua própria essência), que se torna possível realizar a Ilustração entre os homens. A *Aufklärung* é tarefa para "gênios" que descobrem tudo por si mesmos: "podem-se dividir os pensadores entre os que pensam *para si mesmos* e os que pensam *para outros*; estes são a regra; aqueles, a exceção. Os primeiros são, portanto, pensadores por si próprios (*Selbstdenker*) em duplo sentido e egoístas no mais nobre sentido da palavra: são os únicos de quem o mundo recebe ensinamento. Pois somente a luz que alguém acendeu para si ilumina também outros"³⁰.

---

27. Schopenhauer, A., *Absichtlichkeit...*, in *Sämtliche Werke, op. cit.*, t. IV, p. 249.
28. *Idem, ibidem*, p. 249.
29. Schopenhauer, A., *Sobre a filosofia universitária*, p. 32.
30. *Idem, ibidem*, p. 25.

Esses "ilustrados" têm, por natureza, a vocação de revelar os segredos dessa natureza e completar sua obra, ali onde ela se mostra incapaz de acabá-la por si mesma. Em seu *Schopenhauer educador*, o "discípulo" Nietzche talvez tenha sido o primeiro a compreender essa concepção "ilustrada" do pensamento schopenhaueriano: "É este o pensamento fundamental da *cultura*, à medida que ela só sabe colocar uma única tarefa para cada um de nós: fomentar a geração do filósofo, do artista e do santo em nós e fora de nós e, com isso, trabalhar para o aperfeiçoamento da natureza. Pois, assim como a natureza precisa do filósofo, ela também precisa do artista para uma finalidade metafísica, ou seja, para a própria Ilustração sobre si mesma – portanto, para seu autoconhecimento –, a fim de que um dia, finalmente, se coloque ante ela, como imagem pura e acabada, aquilo que ela, na inquietação de seu devir, jamais chega a ver nitidamente."[31]

* * *

Mas será que Schopenhauer era assim tão pessimista quanto aos destinos da Ilustração em seu uso público e privado? Será que, nesse diálogo íntimo com a natureza, não nutria, como Rousseau, a esperança de *ser lido*? Por que, então, escrever este libelo contra a filosofia universitária e seus representantes?

MÁRCIO SUZUKI

....
31. Nietzsche, *Unzeitgemässe Betrachtungen III*, in *Werke – Kritische Gesamtausgabe*, Berlin, Walter de Gruyter, 1972, Terceira Seção, t. I, pp. 377-8.

Cronologia

1788. Nasce Arthur Schopenhauer em Dantzig (Gdansk). Kant: *Kritik der praktischen Vernunft* [*Crítica da razão prática*].
1790. Kant: *Kritik der Urteilskraft* [*Crítica da faculdade de julgar*].
1794. Fichte: *Grundlage der gesamten Wissenschaftslehre* [*Fundamentos da doutrina da ciência em seu conjunto*].
1800. Schelling: *System des transcendentalen Idealismus* [*Sistema do idealismo transcendental*].
1800-5. Destinado por seu pai ao comércio, Schopenhauer realiza uma série de viagens pela Europa ocidental: Áustria, Suíça, França, Países Baixos, Inglaterra. Isso lhe rende um *Diário de viagem* e um excelente conhecimento do francês e do inglês.
1805. Morre seu pai. Schopenhauer renuncia à carreira comercial para dedicar-se aos estudos nos liceus de Gotha e de Weimar.
1807. Hegel: *Die Phänomenologie des Geistes* [*A fenomenologia do espírito*].

1808. Fichte: *Reden an die deutsche Nation* [*Discurso à nação alemã*]. Goethe: *Die Wahlverwandtschaften* [*As afinidades eletivas*] e *Faust* (primeira parte).
1809-13. Schopenhauer prossegue seus estudos nas universidades de Göttingen e de Berlim.
1813. Schopenhauer: *Ueber die vierfache Wurzel des Satzes vom zureichenden Grunde* [*Da quádrupla raiz do princípio de razão suficiente*] (tese de doutorado).
1814. Morre Fichte.
1815. Derrota de Napoleão em Waterloo. O Congresso de Viena reorganiza a Europa sob o signo da Santa Aliança.
1816. Schopenhauer: *Ueber das Sehen und die Farben* [*Da visão e das cores*].
1818. Hegel na universidade de Berlim, onde lecionará até sua morte.
1819. Schopenhauer: *Die Welt als Wille und Vorstellung* [*O mundo como vontade e representação*].
1820. Schopenhauer começa a lecionar em Berlim com o título de *privat-dozent*. Fracassa.
1825. Nova tentativa na universidade de Berlim. Novo fracasso. Schopenhauer renuncia à docência e passa a viver daí em diante com a herança paterna.
1830. Hegel: *Enzyklopädie der philosophischen Wissenschaften in Grundiss* [*Enciclopédia das ciências filosóficas*] (edição definitiva).
1831. Morre Hegel.
1832. Morre Goethe.

1833. Schopenhauer estabelece-se em Frankfurt, onde residirá até sua morte.
1836. Schopenhauer: *Ueber den Willen in der Natur* [*Da vontade na natureza*].
1839. Schopenhauer recebe um prêmio da Sociedade Norueguesa de Ciências de Drontheim por uma dissertação sobre "A liberdade da vontade".
1840. A dissertação "Sobre o fundamento da moral" não recebe o prêmio da Sociedade Real Dinamarquesa de Ciências de Copenhague.
1841. Schopenhauer publica suas duas dissertações de concurso sob o título de *Die beiden Grundprobleme der Ethik* [*Os dois problemas fundamentais da ética*]. Feuerbach: *Das Wesen des Christentums* [*A essência do cristianismo*].
1843. Kierkegaard: *Frygt og Boeven* [*Temor e tremor*].
1844. Schopenhauer: *O mundo como vontade e representação*, segunda edição acompanhada de *Suplementos*. Stirner: *Der Einzige und sein Eigentum* [*O único e sua propriedade*]. Marx e Engels: *Die heilige Familie oder Kritik der kritischen Kritik gegen Bruno Bauer und Konsorten* [*A sagrada família ou Crítica da crítica crítica contra Bruno Bauer e sócios*].
1846. Comte: *Discours sur l'esprit positif* [*Discurso sobre o espírito positivo*].
1848. Marx e Engels: *Manifest der Kommunistischen Partei* [*Manifesto do Partido Comunista*]. Revolução na França e na Alemanha. Sua correspondência confirma que Schopenhauer desejou e apoiou a repressão em Frankfurt.

1851. Schopenhauer: *Parerga und Paralipomena* [*Parerga e Paralipomena*]. Êxito e primeiros discípulos, Frauenstädt, Gwinner etc.
1856. Nasce Freud.
1859. Darwin: *On the Origin of Species* [*A origem das espécies*].
1860. Morre Schopenhauer.

SOBRE A FILOSOFIA UNIVERSITÁRIA

"O descrédito que atualmente se abate sobre a filosofia se prende ao fato de se ligarem a ela pessoas indignas, pois não deviam dela se ocupar os talentos bastardos, mas os legítimos." Platão, *República*, VII, 535c.

Que se ensine filosofia nas universidades é de fato algo benéfico para ela sob vários aspectos. Ela ganha uma existência pública, e seu estandarte aparece estampado aos olhos dos homens, o que a traz sempre de novo à lembrança e faz com que seja notada. O principal ganho será, no entanto, que mentes jovens e capazes se familiarizem com ela e despertem para o seu estudo. Todavia, é preciso admitir que quem tem aptidão para a filosofia, e por isso sente falta dela, também a encontrará e conhecerá por outras vias. Coisas que se amam e que nasceram umas para as outras relacionam-se facilmente: almas afins já de longe se saúdam. Qualquer livro de um filósofo autêntico que caia nas mãos de tal pessoa será para ela um estímulo mais forte e eficaz que a conferência de um filósofo de cátedra, tal como se apresenta hoje em dia. Platão também deveria ser lido aplicadamente nos ginásios[1], já que é o estímulo mais eficaz para o espírito filosófico.

....
1. Ginásios, na Alemanha, correspondem às escolas de segundo grau onde se estudam letras clássicas. (N. dos T.)

Acima de tudo, porém, fui levado pouco a pouco à opinião de que a mencionada utilidade da filosofia de cátedra é superada pela desvantagem que a filosofia como profissão traz à filosofia como livre investigação da verdade, ou que a filosofia a serviço do governo traz à filosofia a serviço da natureza e da humanidade.

É que, antes de mais nada, um governo não pagará pessoas para que contradigam direta ou mesmo indiretamente aquilo que faz apregoar em todos os púlpitos por milhares de sacerdotes ou professores de religião por ele empregados. Se isso acontecesse, tal medida se tornaria forçosamente ineficaz. Pois, como se sabe, juízos anulam-se uns aos outros não só pela oposição contraditória, mas também pela mera oposição contrária. Por exemplo, o juízo "a rosa é vermelha" não contradiz apenas este: "ela não é vermelha", mas também este: "ela é amarela", como algo que produz o mesmo ou até mais. Donde o princípio: *improbant secus docentes*[2]. Por essa circunstância, porém, os filósofos universitários se encontram numa situação bem particular, cujo segredo público[3] pode aqui finalmente encontrar palavras. É que em todas as outras ciências os professores têm meramente a obrigação de ensinar, de acordo com suas capacidades, o que é verdadeiro e certo. Tão-só no caso dos professores de filosofia a

---

2. "Desaprovam quem ensina de outra forma." (N. dos T.)

3. "Um segredo aberto ou público (mais raro)" é, segundo o dicionário de língua alemã *Deutsches Universal Worterbuch – Duden*, algo "que já é em geral conhecido, mas oficialmente ainda mantido em segredo; segundo o título da adaptação da peça teatral *Il pubblico secreto* (1769) de Gozzi". (N. dos T.)

questão deve ser entendida *cum grano salis*[4]. Isto é, com eles ocorre algo bem peculiar, que consiste no fato de que o problema de sua ciência é o mesmo sobre o qual também a religião, à sua maneira, dá explicações: por isso, designei a religião como a metafísica do povo[5]. Assim, é claro que os professores de filosofia também devem ensinar o que é verdadeiro e certo; mas justamente o que é verdadeiro e certo tem também de ser, no fundamento e na essência, o mesmo que a religião do Estado ensina, já que ela é igualmente verdadeira e certa. Daqui nasceu aquele dito ingênuo de um reputado professor de filosofia, no ano de 1840, já citado na minha *Crítica da filosofia kantiana*[6]: "Se uma filo-

....
4. "Com uma pitada de sal." Wolfgang F. Löhneysen, organizador das obras completas de Schopenhauer, indica que a expressão é de Plínio: *Historia naturalis*, 23, 8, 249. Vejam-se os *Fragmentos para a história da filosofia*, in A. Schopenhauer, *Sämtliche Werke*, Darmstadt, Wissenschaftliche Buchgesellschaft, 1974, t. IV, p. 139 (a seguir, abreviado como: *S. W.*, tomo e página). (N. dos T.)
5. "Sobre a necessidade metafísica do homem", in *O mundo como vontade e representação*, cap. 17, Complementos ao livro I. *S. W.*, t. II, p. 208. (N. dos T.)
6. *Crítica da filosofia kantiana*, 2ª ed., São Paulo, Abril, 1980, p. 163, trad. de Maria Lúcia Cacciola. (Coleção "Os Pensadores".) ("Kant disse: 'É algo bem disparatado esperar esclarecimento da razão, prescrevendo-lhe de que lado ela deve necessariamente pender' (*Crítica da razão pura*, p. 747; 5ª ed., p. 775). Em contrapartida, encontra-se a seguinte ingenuidade no enunciado de um professor de filosofia de nosso tempo: 'Se uma filosofia nega a realidade das idéias fundamentais do cristianismo, então ou ela é falsa ou então, mesmo se verdadeira, é, de fato, inutilizável' – *scilicet*, para os professores de filosofia. Foi o falecido professor Bachmann que tão indiscretamente divulgou na *Gazeta literária de Jena*, de julho de 1840, nº 126, a máxima de todos os seus colegas. Entretanto, é digno de nota, como característica da filosofia universitária, de que modo aqui

sofia nega as idéias fundamentais do cristianismo, ou ela é falsa ou, *mesmo se verdadeira, é de fato inutilizável*". Vê-se por aí que na filosofia universitária a verdade só ocupa um posto secundário e, se lhe é exigido, tem de se levantar para dar lugar a outro atributo. É isso que diferencia, nas universidades, a filosofia de todas as outras ciências com direito a cátedra.

Conseqüentemente, enquanto a Igreja existir, só poderá ser ensinada nas universidades uma filosofia que, composta em total consideração para com a religião do Estado, caminhe, no essencial, paralelamente a ela, e que portanto – embora rebuscada, singularmente engalanada e, assim, difícil de entender – de fato nada mais seja, no fundo e no principal, que uma paráfrase e uma apologia da religião do Estado. Assim, aos que ensinam sob tais limitações, nada mais resta do que ir em busca de novas expressões e formas sob as quais representem o conteúdo travestido em termos abstratos e, por isso, insípido da religião do Estado, que a partir de então se chama filosofia. No entanto, se houver alguém que quiser fazer ainda algo mais, ou divagará por disciplinas vizinhas ou procurará abrigo em pequenas farsas inocentes, como, por exemplo, efetuar difíceis cálculos sobre o equilíbrio das representações na mente humana e semelhantes brincadeiras. Mas os limitados filósofos universitários sentem-se bem à vontade nesse assunto, pois sua verdadeira seriedade consiste em ganhar com honra um honesto meio de sub-

---

....
se mostra a porta à verdade, sem rodeios, quando ela não quer resignar-se e sujeitar-se, com as palavras: – Rua, Verdade! Podemos prescindir de ti. Devemos-te algo? Tu nos pagas?") (N. dos T.)

sistência para si, para sua mulher e para seus filhos, como também gozar de um certo prestígio junto às pessoas. Por outro lado, a mente profundamente comovida de um verdadeiro[7] filósofo, cuja grande e única seriedade consiste na busca de uma chave para nossa tão enigmática quanto precária existência, é considerada por aqueles uma entidade mitológica, e, se por acaso surgir diante deles alguém acometido por tais idéias, este lhes parecerá tomado de monomania. Pois, via de regra, dentre os seres humanos não há ninguém que sonhe menos que se possa ser tão drasticamente sério com a filosofia que um docente dela, tal como o mais incrédulo cristão costuma ser o Papa. Por isso, é raro que um verdadeiro filósofo tenha sido também docente de filosofia[8]. Que justamente Kant represente uma exceção, já o discuti junto com os fundamentos e conseqüências do assunto no segundo volume de minha obra capital[10]. De resto, o conhecido destino de Fichte dá uma

....
7. Em alemão: *wirklich*. (N. dos T.)

8. É muito natural que, quanto mais devoção se exigir de um professor, tanto menos erudição se exigirá dele; da mesma forma que para ser professor na época de Altenstein[9] era suficiente que alguém se declarasse partidário dos disparates hegelianos. Mas, desde que na distribuição das cátedras a erudição pode ser substituída pela devoção, seus donos não se excedem na primeira. Os Tartufos deveriam, de preferência, poupar-se e perguntar-se: "Quem acreditará que nós acreditamos nisso?" Que estes senhores sejam professores, depende apenas daqueles que os escolheram; eu os conheço apenas como maus escritores, contra cuja influência trabalho. Eu procurei a verdade, e não a cátedra; aqui repousa, em última análise, a diferença entre mim e os chamados filósofos pós-kantianos. Com o tempo, isso será cada vez mais reconhecido. (N. do A.)

9. Altenstein, K., barão de Altenstein, ministro prussiano. (N. dos T.)

10. *O mundo como vontade e representação*, in *S. W.*, t. II, p. 211. (N. dos T.)

prova da existência condicional de toda a filosofia universitária, como foi mostrado antes, mesmo que ele fosse, no fundo, um mero sofista e não um verdadeiro filósofo. É que ousou negligenciar as doutrinas da religião do Estado no seu filosofar. A conseqüência foi sua cassação e, além disso, a plebe o ter insultado. O castigo também surtiu efeito, pois, após sua posterior admissão em Berlim, o "Eu absoluto" transformou-se bem obedientemente no bom Deus, e, de maneira geral, toda a doutrina recebeu uma tintura extremamente cristã, do que dá testemunho especial o *Guia para a vida beata*. No seu caso, é ainda digno de nota a circunstância de que se lhe tenha imputado como delito capital a frase: Deus não é mesmo outra coisa senão a própria ordem moral do mundo. Essa frase, no entanto, é apenas um pouco diversa do dito de S. João Evangelista: "Deus é amor." Teve o mesmo destino, em Heidelberg, o livre-docente[11] Fischer, em 1853, quando lhe tiraram a *jus legendi* porque ensinava panteísmo. Portanto, esta é a solução: "Engole teu pudim, escravo, e vende mitologia judaica por filosofia!" – Mas o mais engraçado da história é que essas pessoas se dizem filósofos e, como tais, me julgam com ares de superioridade, fazendo-se de importantes para comigo, não se dignando nem mesmo a me olhar de cima durante quarenta anos, não me tendo em nenhum apreço. – Todavia, o Estado também tem de proteger os seus e, para isso, deveria promulgar uma lei proibindo fazer caçoada de professores de filosofia.

---

11. Um professor livre-docente (*Privatdozent*), na Alemanha, não é funcionário da universidade, nada recebendo por seu trabalho. (N. dos T.)

Logo, é fácil notar que, sob tais circunstâncias, a filosofia universitária não pode deixar de fazer:

"Como uma dessas cigarras pernaltas,
Que sempre voa e que voando salta,
Mas logo está na relva cantando sua velha cantiga."[12]

Ou seja, o difícil na questão é simplesmente a possibilidade, a ser considerada, de que o último conhecimento alcançado pelo homem acerca da natureza das coisas, de seu próprio ser e do mundo não coincida exatamente com as doutrinas que, em parte, foram reveladas ao antigo povinho dos judeus e, em parte, apareceram há mil e oitocentos anos em Jerusalém. Para acabar de vez com essa dificuldade, o professor de filosofia Hegel inventou a expressão "religião absoluta", com a qual também alcançou seu intuito, pois conhecia seu público: para a filosofia de cátedra, a religião também é verdadeira e propriamente absoluta, quer dizer, deve e tem de ser absoluta e simplesmente verdadeira, pois, do contrário!... Outros desses investigadores da verdade fundem, por sua vez, filosofia e religião num centauro, que chamam de filosofia da religião, e costumam ensinar também que religião e filosofia são a mesma coisa. Todavia, tal frase só parece ser verdadeira no sentido em que Francisco I falou a respeito de Carlos V, num tom provavelmente bem conciliador: "O que meu irmão Carlos quer, eu também

....
12. "Wie eine der langbeinigen Zikaden, / Die immer fliegt und fliengend springt – / Und gleich im Gras ihr altes Liedchen singt", Goethe, *Fausto I*, versos 288-90. (N. dos T.)

quero" – a saber, Milão. Outros ainda não fazem tanta cerimônia, mas falam diretamente de uma filosofia cristã – o que soa como se quisessem falar de uma aritmética cristã em que dois e dois são cinco. Aliás, epítetos tomados de doutrinas da fé são manifestamente indecorosos para uma filosofia que se pretende a tentativa da razão de resolver o problema da existência por meios próprios e independentemente de toda autoridade. Como ciência, ela nada tem a ver com o que se pode, deve ou tem de *acreditar*, mas tão-só com o que se pode *saber*. Mas, então, se o que se pode saber tem de resultar em algo totalmente diferente daquilo em que se tem de acreditar, a própria fé não seria prejudicada com isso: pois ela é fé justamente porque contém o que *não* se pode saber. Se se pudessem saber essas coisas, a fé faria uma figura bem inútil e até mesmo ridícula, como no caso em que se erigisse uma doutrina da fé acerca de objetos da matemática. Mas, se estamos de algum modo convencidos de que a verdade total e plena está contida e proferida na religião do Estado, então paremos por aí e renunciemos a todo filosofar. Não se deve querer parecer o que não se é. É insuportável pretextar uma investigação imparcial da verdade, com o intuito de fazer da religião do Estado seu resultado, sua medida e seu controle. Uma filosofia presa à religião do Estado, como o cão de guarda preso ao muro, é apenas uma irritante caricatura do mais elevado e nobre esforço da humanidade. Entretanto, um dos artigos de maior venda dos filósofos universitários é decerto aquela filosofia da religião, antes descrita como um centauro, que não difere propriamente de uma espécie de gnose ou de um filosofar sob certos pressupostos em voga, que não podem ser provados de modo algum. Títulos de programas de cursos como "De Verae Philosophiae erga Religionem Pietate"[13], uma epígrafe adequada para tal aprisco filosófico, também indicam claramente a tendência e os motivos da filosofia de cátedra. Com efeito, às vezes esses filósofos domesticados tomam um impulso que parece perigoso, mas podemos esperar tranqüilamente, convictos de que atingirão o alvo já por eles definitivamente fixado. Às vezes nos sentimos tentados a acreditar que já concluíram, antes dos seus doze anos, suas sérias investigações filosóficas e que já então teriam estabelecido para sempre sua visão da essência do mundo e daquilo que dela depende; porque, depois de todas as discussões filosóficas e rodeios de quebrar o pescoço sob a orientação de guias temerários, retornarão sempre ao que costuma ser plausível para nós naquela idade, e parecem até mesmo tomá-lo como critério da verdade. Todas as doutrinas filosóficas heterodoxas com as quais tiveram de se ocupar no curso de suas vidas parecem-lhes estar ali apenas para ser refutadas e, com isso, reafirmar ainda mais as outras. É mesmo de admirar como eles, levando sua vida em meio a tantas heresias malignas, souberam guardar no entanto tão pura sua íntima inocência filosófica.

Depois disso tudo, a quem ainda resta alguma dúvida sobre o espírito e o objetivo da filosofia univer-

....
13. "Sobre a piedade da verdadeira filosofia em relação à religião." (N. dos T.)

sitária, basta que considere o destino da falsa sapiência hegeliana. Foi prejudicial para ela, por exemplo, o fato de que seu pensamento fundamental era a idéia mais absurda, um mundo de ponta-cabeça, uma arlequinada filosófica?[14] E de que seu conteúdo era o palavrório mais oco e sem sentido com que se contentaram como nunca os cabeças-de-vento? E de que sua exposição, nas próprias obras do autor, é o mais repulsivo e disparatado galimatias, que lembra os delírios dos loucos de hospício? Oh não, nem um pouco! Pelo contrário, ela floresceu e engordou ao longo de cerca de vinte anos como a mais cintilante filosofia de cátedra que já rendeu salários e honorários. Aliás, ela foi proclamada em toda a Alemanha, por meio de centenas de livros, como o mais alto cume alcançado pela sabedoria humana e como a filosofia das filosofias, tendo sido até mesmo elevada aos céus: estudantes foram examinados sobre ela e professores admitidos para ensiná-la. Quem não quisesse acompanhá-la era declarado um

---

14. Cf. minha *Crítica da filosofia kantiana*, 2ª ed., p. 572. (N. do A.) (O trecho citado diz: "Kant lança mão da falsa presunção de que nosso conhecimento das coisas individuais nasceria por meio de uma limitação cada vez maior de conceitos universais, conseqüentemente também de um mais universal de todos que conteria *dentro de si* toda a realidade." Portanto, Kant "aqui pôs de cabeça para baixo o processo de nossa faculdade de conhecimento e, por isso, bem poderia ser acusado de ter dado motivo para uma charlatanaria filosófica, tornada célebre em nossos dias, que, em vez de reconhecer os conceitos, como pensamentos abstraídos a partir das coisas, inversamente põe como primeiros os conceitos e só vê nas coisas conceitos concretos, trazendo deste modo, para o mercado, o mundo invertido, como uma arlequinada filosófica que, naturalmente, tinha de encontrar grande aplauso", *op. cit.*, pp. 160 e 161.) (N. dos T.)

"idiota pelas próprias mãos"[15], pelo atrevido repetidor daquele autor tão obediente quanto sem espírito, e mesmo os poucos que ousaram uma fraca oposição contra esse abuso agiram apenas timidamente, reconhecendo o "grande espírito e o gênio extremado" daquele insípido filosofastro. A prova para o que foi dito aqui está dada em toda a literatura dessa bela maquinação, literatura que está sendo levada, como caso encerrado, pela ante-sala onde se encontram os que agora sorriem ironicamente, para aquele foro onde nos reencontraremos para sermos julgados pelo tribunal da posteridade, que, entre outros implementos, tem também um sino da vergonha[16], que poderá soar por toda uma época. Mas o que aconteceu, afinal, para que fosse dado àquela glória um fim tão súbito, que acarretou a queda da *bestia trionfante*[17] e destruiu todo o grande exército de seus mercenários e simplórios, à exceção de alguns remanescentes que, como retardatários e ladrões de cadáveres, se amotinaram sob a bandeira do *Anuário de Halle* e assim puderam fazer um bocado das suas, para o escândalo do público, e à exceção de alguns tolos mesquinhos que ainda hoje acreditam naquilo que lhes foi incutido nos anos de juventude e vão mascateando essa mercadoria pelas ruas? – Ora, nada mais aconteceu a não ser o fato de alguém ter tido a idéia

---

15. "Narrn auf eigen Hand." Cf. Goethe, "Den Originalen". Segundo Löhneysen, *in Epigrammatisch*. (N. dos T.)

16. Sino da vergonha (*Schandglocke*): nas cidades alemãs era costume fazer com que o réu, considerado culpado em tribunal, desfilasse, geralmente de costas, montado num burro. No pescoço do condenado, colocava-se um sino chamado "sino da vergonha". (N. dos T.)

17. Giordano Bruno, *Spaccio della bestia trionfante*. (N. dos T.)

maligna de provar que isso é uma filosofia universitária, que concorda apenas em aparência e nas palavras, não porém efetivamente e em sentido próprio, com a religião do Estado. Na verdade, essa censura era justa, pois isso foi comprovado depois pelo *neocatolicismo*. O *catolicismo alemão* ou o *neocatolicismo* não é, aliás, outra coisa que *hegelharia* popularizada. Como esta, ele deixa o mundo sem explicação: o mundo está aí, sem maiores informações. Ele recebe meramente o nome "Deus" e a humanidade o nome "Cristo". Ambos são "fins em si mesmos", quer dizer, estão aí para propiciar bemestar, enquanto dure a curta vida. *Gaudeamus igitur!*[18] E a apoteose hegeliana do Estado é levada até o comunismo. Uma exposição bem fundamentada do neocatolicismo nesse sentido é dada por Ferdinand Kamp em sua *História do movimento religioso dos tempos modernos* (v. 3, 1856).

Mas que essa censura possa ser o calcanhar de Aquiles de um sistema filosófico dominante, mostra-nos

> "Uma tal qualidade
> Que pendendo a balança
> Faz o homem subir"[19],

ou qual é e do que depende o critério próprio da verdade e da capacidade que uma filosofia tem de se im-

---

18. "Gaudeamus igitur, juvenes dum sumus!" "Regozijemo-nos, pois, enquanto somos jovens." Primeiros versos de uma canção estudantil. (N. dos T.)

19. "... welch eine Qualitat / Den Auschlag gibt, de Mann erhoht", Goethe, *Fausto I*, verso 2099. (N. dos T.)

por nas universidades alemãs; sem contar que um ataque dessa espécie, mesmo sem considerar a baixeza de toda acusação de heresia, teria de ser repelido sem mais com um οὐδέν πρός Διόνισον[20]. Quem ainda precisa de provas mais amplas para chegar à mesma compreensão do assunto deve observar o epílogo da grande farsa Hegel: a ela logo se segue a extremamente oportuna conversão do senhor Schelling do espinosismo ao bigotismo e sua posterior transferência de Munique para Berlim[21], sob toques de trombeta de todos os jornais, cujas notícias poderiam fazer crer que ele trouxesse então, no bolso, Deus em pessoa, por quem tanto se ansiava. Foi tão grande o afluxo de estudantes que, para recebê-lo, até entravam no auditório pelas janelas. Depois, no fim do curso, o diploma de grande homem lhe foi entregue subservientemente por vários professores da universidade, que tinham sido seus ouvintes. Mas note-se, sobretudo, seu papel altamente eminente e não menos lucrativo em Berlim, que desempenhou o tempo todo sem enrubescer, e isso em idade avançada, em que a preocupação com a imagem que se deixa supera todas as demais nas naturezas nobres. Poderíamos ficar bem abatidos dian-

....
20. "Nada disso concerne a Dioniso", exclamação nas representações dramáticas organizadas para a honra de Dioniso. (N. dos T.)
21. "Schelling foi chamado a Berlim em fevereiro de 1841 para – nas palavras do rei – desarraigar a semente do dragão hegeliano. Sua aula inaugural, 'Filosofia da Revelação', pronunciada em novembro de 1841, foi recebida com grande expectativa e entusiasmo. Entre os ouvintes encontravam-se: Mikhail Bakunin, Friedrich Engels, Soeren Kierkegaard e Jacob Burckhardt." Cf. Mac Lellan, *Os jovens hegelianos e Marx*, Munique, DTV, 1974. (Wissenschaftliche Reihe, 4077.) (N. dos T.)

te de tal cena e chegar a pensar que os próprios professores de filosofia teriam de enrubescer com ela: isso, porém, é delírio. Mas também nada se pode fazer por aquele que, após considerar tal fato, não abre os olhos para a filosofia de cátedra e seus heróis.

No entanto, exige a eqüidade que se julgue a filosofia universitária do ponto de vista não apenas de seu pretenso fim, como aconteceu aqui, mas também do seu fim verdadeiro e próprio. Este fim consiste, aliás, em que os futuros referendários, advogados, médicos, concursantes e mestres-escolas recebam, no mais íntimo de suas convicções, uma orientação adequada às intenções que o Estado e o governo têm para com eles. Resignando-me quanto a isso, nada tenho a objetar. Pois não me considero competente para julgar da necessidade ou não de um recurso estatal dessa espécie, mas deixo isso a cargo dos que têm a difícil tarefa de governar *seres humanos* – isto é, manter lei, ordem, calma e paz entre os vários milhões de um gênero que é, a julgar pela sua maioria, desmesuradamente egoísta, injusto, iníquo, desonesto, invejoso, malvado e, por isso, de cabeça bem limitada e obtusa, e a cargo dos que têm a difícil tarefa de proteger os poucos a quem coube pela sorte alguma propriedade, contra o grande número dos que nada mais têm além de suas forças corporais. A tarefa é tão difícil, que eu verdadeiramente não me atrevo a discutir os recursos que aí devam ser aplicados. Pois o "Agradeço a Deus cada manhã por não ter de me preocupar com o Império Romano"[22] tor-

---

22. Goethe, *Fausto I*, verso 2093. (N. dos T.)

nou-se meu lema constante. Esses fins estatais da filosofia universitária foram, porém, os que propiciaram à *hegelharia* um favor ministerial tão ímpar. Pois, para ela, o *Estado* era o "organismo ético absolutamente perfeito", fazendo com que todo o fim da existência humana se absorvesse no *Estado*. Poderia haver uma melhor orientação para os futuros referendários e, em breve, funcionários do Estado do que aquela segundo a qual toda a sua essência e ser, com corpo e alma, pertenceria completamente ao *Estado*, como a abelha à colméia, e do que aquela segundo a qual eles não teriam de buscar outra coisa, nem neste nem num outro mundo, a não ser cooperar como engrenagens úteis para manter em funcionamento a grande máquina do Estado, este *ultimus finis bonorum*?[23] Logo, o referendário e o homem eram um e o mesmo. Isso era uma autêntica apoteose do filisteísmo.

Mas a relação de tal filosofia universitária com o Estado é diferente de sua relação com a filosofia verdadeira e em si, que, sob esse aspecto, poderia ser diferenciada, como filosofia *pura*, daquela, como filosofia *aplicada*. Ou seja, a filosofia pura não conhece nenhum outro fim a não ser a verdade; donde se poderia concluir que qualquer outro fim visado por seu intermédio é para ela pernicioso. Sua meta superior é a satisfação da nobre carência, por mim chamada de carência *metafísica*, que é sentida íntima e vivamente pela humanidade em todos os tempos, mas de modo mais forte quando, como agora, a reputação da doutrina da

---
23. "O último fim dos bons." (N. dos T.)

fé está cada vez mais baixa. Aliás, sendo adequada e pensada em relação à grande massa do gênero humano, a doutrina da fé só pode conter verdade *alegórica*, que ela, todavia, tem de fazer valer como verdadeira *sensu proprio*[24]. Porém, com a difusão cada vez maior de toda espécie de conhecimentos históricos, físicos e mesmo filosóficos, aumenta o número de homens a quem a verdade *alegórica* já não pode satisfazer, e estes exigem cada vez mais a verdade *sensu proprio*. Mas o que pode fazer diante dessa demanda uma marionete de cátedra *nervis alienis mobile*[25]? O que mais se alcançará com a outorgada filosofia de fiandeiras[26] ou com ocas construções de palavras, ou mesmo com as verdades mais comuns e compreensíveis, transformadas, pela verborragia, em inapreensíveis flores da retórica que nada dizem? Ou, ainda, o que mais se alcançará com o absoluto *non-sens* hegeliano? E, por outro lado, se de fato chegasse do deserto o honesto João, vestido de peles e alimentado de gafanhotos; se, tendo ficado longe de toda confusão e se dedicado, com coração puro e total seriedade, à pesquisa da verdade, viesse agora oferecer seus frutos, que recepção deveria ele esperar desses negociantes de cátedras alugados para os fins do Estado, que têm de viver da filosofia com mulher e filhos, e cujo lema é *primum vivere, deinde philoso-*

---

24. "Em sentido próprio." (N. dos T.)

25. "Movida por fios alheios." Löhneysen indica que a expressão é de Horácio, *Sermones*, 2, 7, 82. (N. dos T.)

26. Em alemão: *Rockenphilosophie*. Refere-se ironicamente ao saber prático das velhas que fiavam nas ruas. Provém do título de Pretonius *Philosophiacolus* (1662). (N. dos T.)

phari?[27] Por causa disso, esses negociantes apossaram-se do mercado e cuidaram para que ali nada valha a não ser o que eles deixem valer, pois méritos só existem se eles e sua mediocridade querem reconhecê-los. É que levam pelo cabresto a atenção do público, de resto pequeno, que se ocupa com filosofia, pois esse mesmo público não empregará seu tempo, fadiga e esforço em coisas que não proporcionarem deleite (como as produções poéticas), mas sim instrução, e instrução pecuniariamente infrutífera, sem antes ter plena garantia de que tais coisas serão largamente recompensadas. Ora, de acordo com a crença generalizada de que quem vive de alguma coisa é também o que dela entende, o público espera obter tal garantia dos especialistas que se portam confiantemente nas cátedras, compêndios, diários e jornais literários como verdadeiros mestres no assunto: são eles, pois, que degustam e escolhem o que é mais digno de atenção e seu contrário. – Oh, que será de ti, meu pobre João do Deserto, se, como é de esperar, aquilo que trouxeres não estiver redigido segundo a convenção tácita dos senhores da filosofia lucrativa! Eles te verão como alguém que não compreendeu o espírito do jogo e ameaça arruinar todos eles, como seu adversário e inimigo comum. Mesmo que aquilo que trouxesses fosse a maior obra-prima do espírito humano, jamais poderia encontrar clemência diante dos olhos deles. Pois não estaria redigida *ad normam conventionis*[28], logo não de modo que pudessem torná-la

---
27. "Primeiro viver, depois filosofar." (N. dos T.)
28. "De acordo com a norma convencional." (N. dos T.)

objeto de sua conferência de cátedra, para também *dela* viver. De fato, não ocorre a um professor de filosofia verificar se um novo sistema estreante é verdadeiro, mas apenas se ele pode harmonizar-se com as doutrinas da religião do Estado, com as intenções do governo e com as opiniões dominantes da época. Depois disso, ele decide sobre seu destino. Mas, não obstante, se o novo sistema se impusesse, se despertasse a atenção do público como instrutivo e contendo explicações – e fosse por este considerado digno de estudo –, nessa mesma medida ele acabaria com a atenção, com o crédito e, o que é ainda pior, com a vendagem da filosofia habilitada para a cátedra. *"Di meliora!"*[29] Por isso, tal coisa não pode ocorrer, e aí tem de ser um por todos e todos por um. O método e a tática para isso são logo postos à disposição por um instinto favorável concedido a todo ser para sua preservação. Ou seja, refutar e contradizer uma filosofia que vai contra a *norma conventionis* é muitas vezes uma coisa arriscada, que não se deve ousar nem em último caso – sobretudo onde se farejam méritos e virtudes que seguramente não são alcançáveis pelo diploma de professor –, pois desse modo as obras indexadas alcançariam notoriedade e os curiosos correriam para elas; mas então poderiam ser feitas comparações extremamente desagradáveis, e o desenlace seria incerto. Unânimes, porém, como irmãos de mesmo caráter e capacidade, os professores universitários tratam tal produção inoportuna

---
29. "Deus me livre!" Segundo Löhneysen: Virgílio, *Geórgica*, 3, 513. (N. dos T.)

como *non avenue*. Com o ar mais despreocupado, tomam o mais significativo como totalmente insignificante, o profundamente pensado e presente por séculos como não merecedor de discussão, para então sufocá-lo. Mordem perfidamente os lábios e se calam, se calam com aquele "*silentium, quod* livor *indixerit*", já denunciado pelo velho Sêneca[30]; mas, enquanto isso, gralham tanto mais alto diante dos filhos abortivos do espírito e das monstruosidades de seus camaradas, com a consciência tranqüila de que o que ninguém sabe é como se não existisse, e de que as coisas do mundo valem pela aparência e pelo nome, não por aquilo que são. Sendo esse o método mais seguro e menos perigoso contra méritos, gostaria de recomendá-lo a todos os cabeças ocas que buscam seu sustento em coisas para as quais é necessário o mais alto talento, sem, todavia, me responsabilizar por suas conseqüências.

No entanto, os deuses não devem de forma nenhuma ser invocados aqui como num *inauditum nefas*[31], pois tudo isso é apenas uma cena do espetáculo que temos diante dos olhos em todas as épocas, em todas as artes e ciências, ou seja, velha luta dos que vivem *para* a coisa com os que *dela* vivem, ou dos que a *são* com os que a *representam*. Para os primeiros, ela é o fim para o qual sua vida é mero meio; para os outros, o meio, isto é, a penosa condição para a vida, o bem-estar, a fruição, a felicidade – as únicas coisas nas quais reside sua verdadeira seriedade: porque aqui está tra-

---
30. "Silêncio que a *inveja* impôs", Sêneca, *Epistulae*, 79. (N. dos T.)
31. "Crime inaudito." (N. dos T.)

çado, pela natureza, o limite de sua esfera de ação. Quem quer ver isso exemplificado e conhecê-lo mais de perto deve estudar a história da literatura e ler as biografias dos grandes mestres em todo engenho e arte. Ali verá que assim foi em todos os tempos e compreenderá que também assim há de permanecer. No passado, isso é reconhecido por todos; no presente, por quase ninguém. As páginas resplandecentes da história da literatura são, quase sem exceção, as trágicas. Em todas as disciplinas, elas nos mostram como, via de regra, o mérito tem de esperar até que os tolos tenham deixado de sê-lo, o banquete tenha chegado ao fim e todos tenham ido para a cama: é então que o mérito se levanta da noite profunda, como um fantasma, para finalmente, ainda que como sombra, tomar o lugar de honra que lhe foi usurpado.

Entretanto, temos de lidar aqui apenas com a filosofia e seus representantes. Em primeiro lugar, constatamos que, desde sempre, muito poucos filósofos foram professores de filosofia, e proporcionalmente ainda menos professores de filosofia, filósofos. Daí se poderia dizer que, do mesmo modo que os corpos idielétricos não são condutores de eletricidade, também os filósofos não são professores de filosofia. De fato, esse cargo põe mais barreiras que qualquer outro para o que pensa por si próprio. Pois a cátedra de filosofia é de certo modo um confessionário público, onde se faz profissão de fé *coram populo*[32]. Logo, para a obtenção efetiva de conhecimentos mais fundamentais ou mesmo

---

32. "Na presença do povo." (N. dos T.)

mais profundos, ou seja, para se tornar verdadeiramente sábio, quase nada é tão contrário quanto a coerção constante de parecer sábio, quanto alardear pretensos conhecimentos diante de alunos ávidos em aprender e ter respostas prontas para todas as questões imagináveis. Mas o pior é que, a todo pensamento que de algum modo ainda ocorra a um homem em tal situação, logo lhe assalta a preocupação de saber se tal pensamento poderia convir às intenções dos superiores: isso paralisa tanto seu pensar, que os próprios pensamentos já não ousam ocorrer. A atmosfera de liberdade é indispensável à verdade. Sobre a *exceptio, quae firmat regulam*[33], ou seja, sobre o fato de Kant ter sido professor, já mencionei antes[34] o necessário e acrescento apenas que também a filosofia de Kant ter-se-ia tornado mais elevada, decidida, pura e bela, se não tivesse assumido aquela cátedra. Embora ele, mui sabiamente, tenha mantido o filósofo o mais longe possível do professor, já que não expunha sua própria doutrina na cátedra[35].

Fazendo, porém, uma retrospectiva dos pretensos filósofos que entraram em cena no meio século posterior ao encerramento da atividade de Kant, infelizmente não vejo nenhum a quem eu possa dizer em seu louvor que sua verdadeira e total seriedade tenha sido a pesquisa da verdade; pelo contrário, observo todos eles (ainda que nem sempre tenham clara consciência)

---

33. "Exceção que confirma a regra." (N. dos T.)
34. Cf. p. 7 da presente tradução. (N. dos T.)
35. C. Rosenkranz, *História da filosofia kantiana*, p. 148. (N. do A.)

pensando em aparecer, em causar efeito, em se impor e até em mistificar, esforçando-se para obter o aplauso dos superiores e, em seguida, dos estudantes – sempre com o objetivo último de gastar o rendimento da coisa com a mulher e os filhos. Mas isso está bem de acordo com a natureza humana, que, como toda natureza animal, só conhece como fins imediatos comer, beber e cuidar da cria, mas que recebeu ainda, como apanágio especial, a ambição de brilhar e aparecer. Ora, a primeira condição para produções verdadeiras e genuínas na filosofia, como na poesia e nas belas-artes, é, pelo contrário, uma inclinação completamente anômala que, contra a regra da natureza humana, põe, no lugar do esforço subjetivo para o bem próprio, um esforço plenamente objetivo, dirigido para uma *produção* que lhe é exterior, esforço que, por isso mesmo, é chamado apropriadamente de excêntrico e também, às vezes, escarnecido como quixotismo. Mas já disse Aristóteles: Οὐ χρὴ δὲ κατὰ τοὺς παραινοῦντας ανθρώπινα φρονεῖν ἄνθρωπον ὄντα οὐδὲ θνητὰ τόν θνητόν, ἀλλ ἐφ ὅσον ἐνδεχεται, ἀθανατίζειν καί πάντα ποιεῖν πρὸς τὸ ζῆν κατὰ τὸ κράτιστον τῶν ἐν αὐτῷ[36]. Tal tendência do espírito é, sem dúvida, uma anomalia extremamente rara, e por isso seus frutos, no correr do tempo, favorecem toda a humanidade, pois felizmente são de um gênero que pode ser conservado. Mais precisamente:

---

36. "Não se deve, porém, como exortam aqueles, pensar humanamente sendo homem, nem mortalmente sendo mortal, mas, tanto quanto possível, buscar a própria imortalidade e tudo fazer para viver conforme aquilo que é o melhor em si próprio", Aristóteles, *Ética a Nicômaco*, liv. 10, 7, 117b30. (N. dos T.)

podem-se dividir os pensadores entre os que pensam *para si mesmos* e os que pensam *para outros*; estes são a regra; aqueles, a exceção. Os primeiros são, portanto, pensadores por si próprios em duplo sentido e egoístas no mais nobre sentido da palavra: são os únicos de quem o mundo recebe ensinamento. Pois somente a luz que alguém acendeu para si ilumina também outros; assim, aquilo que Sêneca afirma do ponto de vista moral: *Alteri vivas oportet, si vis tibi vivere*[37], vale de modo inverso do ponto de vista intelectual: *Tibi cogites oportet, si omnibus cogitasse volueris*[38]. Mas essa é exatamente a rara anomalia que não pode ser obtida à força por nenhuma deliberação e boa-vontade, mas sem a qual não é possível nenhum progresso efetivo na filosofia. Pois, tentando alcançar outros fins (e, principalmente, fins imediatos), mente alguma jamais entrará na alta tensão requerida para tal progresso – tensão que exige justamente o esquecimento de si e de todos os fins –, mas ficará na aparência e simulação. Assim se combinam de várias maneiras alguns conceitos já existentes e, com isso, se constrói um castelo de cartas; mas, por essa via, nada de novo e genuíno surge no mundo. Ora, acrescente-se ainda que pessoas cujo próprio bem é seu verdadeiro fim, e cujo pensar apenas meio para isso, precisam ter sempre em vista as carências e tendências efêmeras dos contemporâneos, as intenções dos governantes e de seus pares. Com isso,

....
37. "Tens de viver para outros, se queres viver para ti", Sêneca, *Epistulae*, 48, 2. (N. dos T.)
38. "Deves pensar para ti, se queres pensar para todos." (N. dos T.)

não se pode ter a verdade como alvo, verdade infinitamente difícil de acertar mesmo por um olhar honestamente voltado para ela.

Mas, acima de tudo, como aquele que busca um meio de vida honesto para si, para sua mulher e para seus filhos poderia ao mesmo tempo consagrar-se à *verdade*? – À verdade, que foi em todas as épocas uma acompanhante perigosa e, em toda parte, um hóspede indesejável, e que também é apresentada nua, provavelmente porque nada traz consigo e nada tem para dar, mas quer ser buscada apenas por si mesma. Não se pode servir ao mesmo tempo a dois senhores tão diferentes como o senhor do mundo e o da verdade, que nada têm em comum além da primeira letra[39]; esse empreendimento conduz à hipocrisia, à bajulação e à simulação. Pois pode acontecer de um sacerdote da verdade[40] se tornar um apologeta do engano, que ensina com zelo o que nem ele mesmo acredita, e que com isso põe a perder o tempo e a cabeça da juventude crédula. Ele também se presta, com a denegação de toda consciência literária, a preconizador de embusteiros influentes, por exemplo, de devotos de cabeça oca; ou

---

39. Em alemão: mundo (*Welt*) e verdade (*Wahrheit*). (N. dos T.)

40. Uma das possíveis referências dessa frase parece ser Fichte. Em sua Quarta Conferência "Sobre a destinação do sábio", este afirmava: "Eu sou um sacerdote da verdade e estou a seu soldo; obriguei-me a fazer, ousar e sofrer tudo por ela. Se eu tivesse de ser perseguido por sua causa, se tivesse de morrer a seu serviço, teria feito algo de extraordinário, algo além do que deveria ter feito?" (J. G. Fichte, *Popularphilosophische Schriften, in Sämtliche Werke*, Berlim, W. de Gruyter, 1965, t. VI, 3ª seção, p. 222.) (N. dos T.)

mesmo pode acontecer que ele, porque pago pelo Estado e para fins do Estado, se empenhe em fazer apoteose do Estado, em fazer deste o ponto culminante de todo esforço humano e de todas as coisas, e com isso não só transforme o auditório filosófico numa escola do mais trivial filisteísmo, mas também chegue por fim, tal como Hegel, à doutrina escandalosa de que a destinação do homem se perfaz no *Estado*, quase do mesmo modo como a da abelha na colméia. Com isso, a meta superior de nossa existência se oculta a nossos olhos.

Que a filosofia não seja própria para o ganha-pão, já o provou Platão em suas descrições dos sofistas, que ele contrapõe a Sócrates, e principalmente no início do *Protágoras*, em que descreve a prática e o sucesso dessa gente com comicidade e graça insuperáveis. Entre os antigos, o sinal que diferenciava os sofistas dos filósofos sempre foi ganhar dinheiro com a filosofia. A relação dos sofistas com os filósofos era, por isso, bem análoga àquela entre as moças que se entregavam por amor e as prostitutas. Já mostrei na minha obra capital (livro 2, cap. 17) que foi por essa razão que Sócrates relegou Aristipo entre os sofistas, e Aristóteles também o conta entre esses. Que também os estóicos viam isso assim, reporta Estobeu: Τῶν μὲν αὐτὸ τοῦτο λεγόντων σοφιστεύειν, τὸ ἐπὶ μισθῷ μεταδιδόναι τῶν τῆς φιλοσοφίας δογμάτων· τῶν δ' ὑποτοπησάντων ἐν τῷ σοφιστεύειν περιέχεσθαί τι φαῦλον, οἱονεὶ λόγους κατηλεύειν, οὐ φαμένων δεῖν ἀπὸ παιδείας παρὰ τῶν ἐπιτυχόντων χρηματίζεσθαι, καταδεέστερον γὰρ εἶναι τὸν πρότον τοῦτον τοῦ χρηματισμοῦ τοῦ τῆς φιλοσοφίας αξιώματος.⁴¹ Também a passagem de Xenofonte que Estobeu cita no *Florilégio* diz, de acordo com o original: "Τοὺς μὲν τὴν σοφίαν ἀργυρίου τῷ βουλομένῳ πωλοῦντας σοφιστὰς αποκαλοῦσιν."⁴² Também Ulpiano lança a questão: "*An et philosophi professorum numero sint? Et non putem, non quia non religiosa res est, sed quia hoc primum* profiteri *eos oportet* mercenariam operam spernere."⁴³ Tal opinião era nesse ponto tão inabalável que nós a encontramos ainda em plena vigência mesmo entre os imperadores mais tardios, e até mesmo em Filostrato⁴⁴. Já Apolônio de Tiana faz a censura capital de τὴν σοφίαν καπνλεύειν⁴⁵ a seu opositor Eufrates; também escreve a esse respeito em sua *51ª Epístola*: Ἐπιτιμῶσι σοί τινες ὡς εἰληφότι χρήματα παρὰ τοῦ βασιλέως· ὅπερ οὐκ ἄτοπον, εἰ μὴ φαίνοιο φιλοσοφίας εἰληφέναι μισθὸν καὶ τοσαυτάκις καὶ ἐπὶ τοσοῦτον καὶ παρὰ τοῦ πεπιστευκότος

....
41. *Éclogas da física e da ética*, livro 2, cap. 7: "Há os que dizem ensinar como sofistas, isto é, transmitir as doutrinas da filosofia por dinheiro, e os que suspeitam algo de vil contido nesse ensino, como se fosse uma barganha com pensamentos, afirmando que não se deve receber dinheiro dos que aparecem para ser educados, pois esse modo de ganhar dinheiro é muito inferior à dignidade da filosofia." (N. dos T.)
42. *Memorabilia*, I, 6, 17: "Chamam-se sofistas os que vendem a sabedoria por dinheiro àquele que a deseja." (N. dos T.)
43. *Lex*, I, 4: *Digesta de extraordinaria cognitione*, livro 13: "Podem os filósofos ser contados entre os professores? Eu não acreditaria; não que não se trate de uma coisa praticada conscienciosamente, mas porque teriam de declarar publicamente que desprezam trabalhar por salário." (N. dos T.)
44. *Vita Apollonii*, livro I, cap. 13. (N. dos T.)
45. "Barganhar com a sabedoria." (N. dos T.)

εἶναι σε φιλόσοφον.[46] De acordo com isso, diz de si mesmo na *42ª Epístola* que, em caso de necessidade, aceitaria uma esmola, mas nunca um salário por sua filosofia: Ἐάν τις Ἀπολλωνίῳ χρήματα διδῷ καὶ ὁ διδοὺς ἄξιος νομίζηται, λήψεται δεάμενος· φιλοσοφίας δὲ μισθὸν οὐ λήψεται, κἂν δέηται.[47] Este antiqüíssimo parecer tem sua boa razão, que repousa no fato de que a filosofia possui mesmo muitos pontos de contato com a vida humana, tanto pública quanto privada; por isso, quando se trata de ganho, o interesse logo tem a primazia sobre o conhecimento, e pretensos filósofos se tornam meros parasitas da filosofia, mas parasitas que obstruem a ação de filósofos genuínos, opondo-se hostilmente a eles – e mesmo conspirando contra eles – para fazer valer apenas o que favorece seu negócio. Pois, tão logo se trate de ganho e de levar vantagem, pode facilmente ocorrer que todos os meios mesquinhos, acordos, coalizões etc. sejam empregados para possibilitar, ao falso e ao ruim, acesso e crédito para a obtenção de fins materiais. Donde se torna necessário reprimir o verdadeiro, o genuíno e o valoroso que lhe é contrário. Mas nenhum homem está menos à altura de tais artes do que um verdadeiro filósofo

---

46. "Alguns te censuram porque recebeste dinheiro do rei. Isso não seria inadmissível, se tu não tivesses causado a impressão de que recebestes dinheiro pela filosofia e, na verdade, por tantas vezes e tanto, e além disso de alguém que acreditava seres filósofo." (N. dos T.)

47. "Se alguém oferecer dinheiro a Apolônio e for considerado digno de dar-lhe, Apolônio o receberá quando dele precisar, mas pela filosofia não receberá nenhuma remuneração, mesmo se tiver necessidade de dinheiro." (N. dos T.)

que por acaso tivesse ido parar, com suas questões, em meio à prática desses homens de negócio. – Prejudica pouco às belas-artes, e mesmo à poesia, o fato de que elas também sirvam para o ganho; pois cada obra existe separadamente por si mesma, e o ruim pode tão pouco repelir o bom quanto obscurecê-lo. Mas a filosofia é um todo, portanto uma unidade, e está voltada para a verdade, não para a beleza: há toda sorte de beleza, mas apenas *uma* verdade; como muitas musas, mas apenas *uma* Minerva. Por isso mesmo, ao poeta é permitido desprezar, sem temor, a punição do ruim; mas há casos em que o filósofo precisa fazê-lo. Pois o ruim que obteve crédito opõe-se direta e hostilmente ao bom, e a erva daninha sufoca as plantas úteis. A filosofia é, por sua natureza, exclusiva: ela funda o modo de pensar de uma época. Por isso, o sistema não tolera – tal como os filhos de sultões – nenhum outro a seu lado. Daí decorre que ali o juízo é muito difícil, pois já é penosa a obtenção de dados para ele. Se o falso é posto em curso por meio de artimanhas e é aclamado em toda parte como verdadeiro e genuíno por gente que recebe salário para alardeá-lo com suas vozes de estentor, então o espírito da época é envenenado, a corrupção toma conta de todos os ramos da literatura, cessa toda nobre elevação de espírito, e contra tudo o que é bom e genuíno em qualquer gênero se erige um bastião que resiste por muito tempo. Esses são os frutos da φιλοσοφία μισθτοφόρος[48]. Para esclarecimento, veja-se o abuso que se cometeu com a filo-

---

48. "Filosofia mercenária." (N. dos T.)

sofia depois de Kant e o que dela foi feito. Mas só a verdadeira história da charlatanice hegeliana e dos caminhos de sua expansão fornecerá a correta ilustração para o que foi dito.

De acordo com tudo isso, quem não tem a ver com filosofia do Estado e com filosofia de diversão, mas com conhecimento e, portanto, com a séria e desprendida investigação da verdade, tem de buscá-la em qualquer outro lugar que não nas universidades, onde sua irmã, a filosofia *ad normam conventionis*, dirige a casa e redige o cardápio. Eu me inclino cada vez mais à opinião de que seria mais saudável para a filosofia se ela cessasse de ser uma profissão e não mais entrasse em cena na vida civil representada por professores. Ela é uma planta que, como o rododendro e a flor dos penhascos, só medra no ar puro da montanha, mas degenera sob cuidados artificiais. Na maioria das vezes, aqueles representantes da filosofia na vida civil a representam tão-só como o ator representa o rei. Eram por acaso os sofistas (que Sócrates tão incansavelmente combatia e que Platão tomava por tema do seu escárnio) algo mais que professores de filosofia e retórica? E esse combate antiqüíssimo, que desde então jamais se extinguiu por completo, não é propriamente o mesmo que ainda hoje é levado adiante por mim? Os mais altos esforços do espírito humano nunca suportam o ganho: sua natureza nobre não pode amalgamar-se com ele. – A filosofia universitária poderia eventualmente ser aceitável, se professores empregados por ela pensassem ser suficiente, para o exercício de sua profissão, transmitir para a geração futura o saber existente de sua disciplina, válido provisoriamente como verdadeiro (de acordo, aliás, com o método de outros professores). Ou seja, explicar fiel e corretamente a seus ouvintes o sistema do mais recente filósofo verdadeiro e dar as coisas mastigadas para eles. – Digo que isso poderia dar certo, se tivessem algum juízo ou, pelo menos, tato para não tomar também por filósofos meros sofistas como, por exemplo, um Fichte, um Schelling, sem falar de um Hegel. No entanto, não só lhes faltam, via de regra, essas qualidades mencionadas, como estão presos à infeliz ilusão de que faz parte do seu cargo representarem eles próprios o papel de filósofos e presentearem o mundo com os frutos de seu pensamento profundo. Dessa ilusão provêm aquelas produções tão lamentáveis quanto numerosas, nas quais mentes rotineiras – e algumas que nem sequer rotineiras são – tratam *dos* problemas para cuja solução têm-se dirigido há séculos os extremos esforços das inteligências mais raras. Estas, tendo sido dotadas das mais extraordinárias capacidades e esquecendo-se de sua própria pessoa por amor à verdade, foram levadas, pela paixão de aspirar à luz, por vezes ao cárcere e mesmo ao cadafalso – a raridade delas é tão grande que a história da filosofia (que há dois mil e quinhentos anos acompanha como baixo contínuo a história dos Estados) não pode mostrar nem ao menos um centésimo de filósofos renomados em comparação com o número de monarcas renomados da história dos Estados. Pois só nessas inteligências singulares, e não nas demais, a natureza chegou a uma consciência mais clara de si mesma. Elas permanecem, porém, tão afastadas da trivialidade e da multidão, que a maioria só recebeu um justo reconhecimento depois da morte ou, quando muito, em idade avançada. Por exemplo, mesmo a grande fama de Aristóteles, que posteriormente se espalhou mais que qualquer outra, só começou, ao que parece, duzentos anos depois de sua morte[49]. Epicuro, cujo nome é hoje conhecido até pelo vulgo, viveu em Atenas totalmente ignorado até sua morte[50]. Bruno e Espinosa atingiram o prestígio e a honra somente no segundo século depois da morte. Mesmo um escritor tão claro e popular como David Hume tinha cinqüenta anos quando se começou a levá-lo em consideração, embora já tivesse produzido sua obra havia muito tempo. Kant só se tornou famoso depois de seus sessenta anos. Com os filósofos de cátedra de nossos dias, as coisas são naturalmente mais rápidas, pois não têm tempo a perder: um professor proclama a doutrina de seu florescente colega da universidade vizinha como o mais alto cume atingido pela sabedoria humana; logo, este é um grande filósofo que, sem mais delongas, ocupa seu lugar na história da filosofia, a saber, na história que está sendo preparada para a próxima feira de livros por um terceiro colega; este, por sua vez, vai bem despreocupadamente alinhando, aos nomes imortais dos mártires da verdade de todos os séculos, os prezados nomes dos agora florescentes colegas bem empregados, como sendo de

---

49. Vejam-se as *Notas eruditas de Munique*, de 6 de março de 1839. (N. do A.)

50. Sêneca, *Epistulae*, 79. (N. dos T.)

filósofos que podem figurar na lista só porque encheram muito papel e receberam a consideração geral dos colegas. Então é preciso decidir, por exemplo, entre "Aristóteles e Herbart" ou "Espinosa e Hegel" ou "Platão e Schleiermacher", e o mundo atônito tem de ver que os filósofos, que a natureza parcimoniosa só pôde produzir esporadicamente no curso dos séculos, brotaram por toda parte como cogumelos nos últimos decênios, entre os alemães reconhecidamente tão bem dotados. Essa glória da época é, naturalmente, favorecida por todos os meios; por isso, seja em periódicos eruditos, seja nas suas próprias obras, um professor de filosofia não deixará de tomar em justa consideração as idéias às avessas do outro, com um ar de importância e seriedade burocráticas, de modo que pareça mesmo tratar-se ali de um progresso efetivo do conhecimento humano. Em troca, será atribuída dentro em pouco a mesma honra a seu aborto, e nós sabemos muito bem que *nihil officiosus, quam cum mutuum muli scabunt*[51]. Tantas mentes comuns que se acham, por cargo e profissão, no dever de representar papéis que a natureza nem aos menos lhes atribuíra e de transportar cargas que exigem ombros de gigantes espirituais oferecem, na realidade, um espetáculo deveras lamentável. Pois escutar cantar os roucos e ver dançar os coxos é penoso; mas ouvir filosofar a mente limitada é insuportável. Para ocultar a falta de pensamentos verdadeiros,

---

51. "Nada mais obsequioso que dois mulos, coçando um ao outro." Segundo Löhneysen, a frase é de Marcos Terêncio Varro, na sátira *Mutuum muli scabunt*. (N. dos T.)

muitos constroem um imponente aparato de longas palavras compostas, intrincadas flores de retórica, períodos a perder de vista, expressões novas e inauditas que, no conjunto, resultam num jargão que soa o mais difícil e o mais erudito possível. Com tudo isso, porém, nada dizem; não se percebe nenhum pensamento, não se sente a inteligência aumentar, mas tem-se de suspirar; "O taramelar do moinho eu ouço bem, mas farinha eu não vejo"[52], ou melhor, só se vê claramente como são insípidas, comuns, triviais e toscas as opiniões que estão por trás do estilo bombástico e ostentatório. Oh, se se pudesse dar a tais filósofos de diversão uma idéia da verdadeira e assustadora seriedade com que o problema da existência toma conta do pensador e o abala no seu mais íntimo! Então não mais poderiam ser filósofos de diversão, não mais poderiam tramar com tranqüilidade patranhas ociosas sobre o pensamento absoluto ou a contradição que deve estar posta em todos os conceitos fundamentais, nem poderiam divertir-se, ostentando suficiência digna de inveja, com nozes ocas: como, por exemplo, "o mundo é a existência do infinito no finito" e "o espírito é o reflexo do infinito no finito" etc. Isso seria pior para eles, pois querem ser nada menos que filósofos e pensadores totalmente originais. Ora, que uma inteligência comum tenha pensamentos incomuns é tão verossímil quanto um carvalho dar damascos. Pensamentos *comuns*, ao contrário, cada um tem por si próprio e não precisa lê-los; conseqüentemente, já que na filosofia se trata meramente

....
52. Trata-se de um dito árabe, segundo Löhneysen. (N. dos T.)

de pensamentos, e não de experiências e fatos, nela algo nunca pode ser produzido por mentes comuns. Alguns, cientes desse inconveniente, abasteceram-se de uma provisão de pensamentos alheios, na maioria incompletos e sempre compreendidos de modo banal – que em tais mentes correm ainda o perigo de volatilizar-se em meras frases e palavras. Eles jogam com esses pensamentos para lá e para cá e procuram eventualmente combiná-los como as pedras de dominó; comparam o que disse este, aquele, um outro e mais um outro, e então procuram chegar a alguma compreensão do assunto. Em vão procurar-se-ia em tais pessoas alguma visão fundamental, firme e coerente das coisas e do mundo, que repousasse sobre uma base intuitiva; por isso mesmo, não têm sobre nada uma opinião decisiva ou um juízo determinado com firmeza. Mas andam às apalpadelas, como na neblina, com seus pensamentos, opiniões e objeções. É que também só trabalharam no saber e na erudição com o intuito de continuar ensinando. Pode até ser assim, mas então não devem brincar de filósofo, e sim aprender a separar o joio do trigo.

Os verdadeiros pensadores trabalharam para e pelo *conhecimento* porque desejavam de alguma forma tornar compreensível o mundo em que se encontravam, mas não o faziam com o intuito de ensinar e tagarelar. Por isso, em conseqüência de uma meditação incessante, neles vai surgindo, lenta e gradualmente, uma visão fundamental sólida e coerente, que sempre tem por base a compreensão *intuitiva* do mundo. É daí que partem todas as verdades especiais, que fazem reincidir luz sobre aquela visão fundamental. Disso se segue também que eles têm pelo menos uma opinião decisiva, bem compreendida e coerente com o todo, sobre cada problema da vida e do mundo, e assim não precisam indenizar ninguém com frases vazias – ao contrário dos filósofos de cátedra, que sempre são vistos comparando e ponderando opiniões alheias, em vez de se ocupar com as próprias coisas, donde se poderia crer que falam de países longínquos, a respeito dos quais se teria de comparar criticamente os relatos dos poucos viajantes que lá estiveram, mas não do mundo efetivo estendido e posto claramente diante deles. Todavia, entre eles isso quer dizer:

> Pour nous, messieurs, nous avons l'habitude
> De rédiger au long, de point en point,
> Ce qu'on pensa, mais nous ne pensons point.[53]

O pior de toda essa história – que, aliás, poderia fazer sucesso entre diletantes curiosos – é que é do interesse dos filósofos de cátedra que o superficial e sem espírito valha alguma coisa. Mas não pode valer, tão logo se faça jus ao genuíno, grandioso e profundamente pensado que porventura surja. Portanto, para sufocá-lo e pôr o ruim em curso, eles se aglomeram como todos os fracos, formam panelinhas e partidos, apoderam-se dos jornais literários, em que, como nos

---

53. "Quanto a nós, senhores, temos o hábito / de redigir extensamente, ponto por ponto, / aquilo que se pensou, mas nós não pensamos de modo nenhum", Voltaire, *Le temple du goût*, ed. Moland, VIII, p. 557. (N. dos T.)

próprios livros, falam com profunda veneração e ares de importância de suas respectivas obras-primas, enganando o público míope debaixo de seu nariz. Sua relação com os filósofos verdadeiros é mais ou menos a mesma que a dos antigos mestres-cantores com os poetas[54]. Para esclarecimento do que foi dito, vejam-se as escrevinhações dos filósofos de cátedra que aparecem anualmente nas feiras de livros, ao lado dos jornais literários que dançam conforme a música; quem já sabe disso deve considerar então a manha com que esses filósofos de cátedra se empenham em mascarar, como insignificante, o significativo (onde quer que ele ocorra), e os estratagemas que usam para subtrair a atenção do público, consciente do dito de Publilio Siro: *Iacet omnis virtus, fama nisi late patet*[55]. Mas, a partir dessas observações, retornemos ao início deste século e observemos os pecados que os schellingianos e depois, com ainda maior malignidade, os hegelianos cometeram a torto e a direito: tenha-se força de vontade e folheie-se o monturo repugnante! Pois não se pode exigir que nenhum ser humano o leia. Pense-se e avalie-se o tempo inestimável, mais papel e dinheiro, que o público teve de perder, ao longo de meio século, com esses escritos mal-ajambrados. Também é, decerto, incompreensível a paciência do público que lê os mexericos dos filosofastros sem espírito que se repe-

....
54. Como se sabe, os mestres-cantores (*Meistersinger*) compunham canções de acordo com as regras estritas estabelecidas pelas corporações (séculos XIV-XVI). (N. dos T.)

55. "Toda virtude fica por baixo, a não ser que a fama esteja à sua disposição." (N. dos T.)

tem entra ano sai ano, sem falar do tédio martirizante que pesa como uma névoa espessa, mesmo porque se lê e relê sem jamais se apossar de um pensamento, pois o escritor, ao qual nem mesmo ocorre algo claro e determinado, amontoa palavras sobre palavras, frases sobre frases e, no entanto, nada diz, porque nada tem a dizer, nada sabe, nada pensa, mas quer falar e, por isso, não escolhe suas palavras para que expressem mais adequadamente seus pensamentos e conhecimentos, mas para que ocultem mais habilmente sua indigência. Tal coisa, entretanto, é impressa, comprada e lida, e assim já se passou meio século sem que os leitores percebessem que, como se diz em espanhol, *papan viento*, ou seja, só engolem ar. Entretanto, para ser justo, tenho de mencionar o fato de que, para manter taramelando esse moinho, é ainda muitas vezes usada uma artimanha bem própria, cuja invenção é atribuída aos senhores Fichte e Schelling. Falo do estratagema astuto de escrever obscuramente, isto é, de forma ininteligível, cuja fineza específica consiste em dispor seu galimatias de tal modo que o leitor tenha de acreditar que é problema dele, leitor, se não o entende, enquanto o escritor sabe muito bem que o problema é mesmo seu, pois não tem propriamente nada de inteligível, isto é, de claramente pensado para comunicar. Sem essa artimanha, os senhores Fichte e Schelling não poderiam ter erigido sua pseudofama. Mas, reconhecidamente, ninguém exerceu a mesma artimanha de modo tão ousado e em tão alto grau quanto Hegel. Se desde o início este tivesse exposto em palavras nitidamente claras e inteligíveis o absurdo pensamento fundamental de sua pseudofilosofia, a saber, aquele que põe de ponta-cabeça o processo verdadeiro e natural das coisas e estabelece assim os *conceitos universais* como sendo o primeiro, o originário, o verdadeiramente real, ou seja, aquilo em virtude do que o mundo empírico real tem sua existência (a coisa em si na linguagem kantiana) – *conceitos universais* que para nós, ao contrário, são abstraídos da intuição empírica e, portanto, nascem do desconsiderar das determinações e são, quanto mais gerais, tanto mais vazios[56] –; se Hegel, digo, tivesse exposto desde o início em palavras nitidamente claras e inteligíveis esse monstruoso ὕστερον πρότερον[57], essa idéia totalmente desvairada, acrescida de que tais conceitos se pensariam e moveriam por si mesmos sem nossa interferência, então todos lhe teriam rido na cara ou dado de ombros, e não teriam tomado a farsa como digna de atenção. Assim, a própria venalidade e baixeza poderiam ter trompeteado em vão para passar ao mundo a coisa mais absurda que já foi vista como sendo a mais alta sabedoria, e para comprometer para sempre a capacidade de julgar do mundo erudito alemão. Todavia, sob o invólucro do galimatias ininteligível, aconteceu que o desvario fez fortuna:

Ominia enin stolidi magis admirantur amantque,
Inversis quae sub verbis latitantia cernunt.[58]

---

56. Veja-se página 40, nota 14, da presente tradução. (N. dos T.)

57. "O conseqüente no lugar do antecedente"; "o efeito no lugar da causa". (N. dos T.)

58. "Pois os tolos preferem admirar e amar tudo o que julgam estar oculto sob palavras figuradas", Lucrécio, *De rerum natura*, I, 641. (N. dos T.)

Encorajado por tais exemplos, desde então quase todo escriba mesquinho gaba-se de escrever com preciosa obscuridade, a fim de parecer que nenhuma palavra possa expressar seus altos ou profundos pensamentos. Em vez de se esforçar de toda maneira para se tornar claro ao leitor, ele aparece muitas vezes berrando-lhe provocantemente: "Duvido que você possa adivinhar o que eu penso com isso!" Se o leitor extenuar-se inutilmente – em vez de responder "Que diabo tenho a ver com isso" e jogar o livro fora – chegará no final a pensar que ali deve haver algo muito inteligente, que supera até mesmo sua capacidade de compreensão; e então, levantando as sobrancelhas, chamará o autor de pensador profundo. Uma conseqüência desse belo método é, entre outras, o fato de que na Inglaterra, quando se quer designar algo como bem obscuro e mesmo como completamente ininteligível, se diz: *It's like German metaphysics*[59], mais ou menos como se diz na França: *C'est clair comme la bouteille à l'encre*[60].

É bem supérfluo mencionar aqui, embora nunca seja demasiado dizê-lo, que, em oposição a isso, bons escritores sempre aplicaram seu esforço para fazer com que seus leitores pensassem exatamente o que eles próprios pensaram: pois quem tem algo preciso para comunicar toma sempre cuidado para que não se perca. Por isso, o bom estilo repousa principalmente em que de fato se tenha algo a dizer: é apenas essa ninharia que falta à maioria dos escritores de nossos dias e que

---

59. "Parece metafísica alemã." (N. dos T.)
60. "É claro como o tinteiro." (N. dos T.)

é responsável pela má qualidade de sua exposição. Acima de tudo, porém, o caráter genérico dos escritores *filosóficos* deste século é o escrever sem ter propriamente algo a dizer; isso é comum a todos eles e, portanto, pode ser estudado tanto em Salat como em Hegel, em Herbart como em Schleiermacher. Ali é diluída, de acordo com o método homeopático, uma porção mínima de pensamento em cinqüenta páginas de verborragia, e assim se cavaqueia de modo tranqüilo, página a página, com confiança ilimitada na paciência verdadeiramente alemã do leitor. A cabeça condenada a essa leitura espera em vão por pensamentos próprios, sólidos e substanciais; ela está sedenta, sedenta mesmo, por algum pensamento, como o viajante do deserto da Arábia o está por água – e tem de morrer de sede. Em contrapartida, tomemos agora um filósofo *verdadeiro*, seja do tempo ou do país que for, seja Platão ou Aristóteles, Descartes ou Hume, Malebranche ou Locke, Espinosa ou Kant: encontramos sempre um espírito belo e rico de pensamento, que tem e produz conhecimento, mas, acima de tudo, se esforça honestamente para se comunicar. Com isso, ele recompensa imediatamente, a cada linha, o esforço de leitura do leitor receptivo. O que faz, pois, a escrevinhação de nossos filosofastros sumamente pobre de pensamentos e, portanto, torturantemente fastidiosa é, em última análise, a pobreza de seu espírito, porém, antes de mais nada, o fato de que sua exposição se mova, do começo ao fim, por conceitos altamente abstratos, gerais e excessivamente amplos, e que por isso caminhe solenemente, quase todo o tempo, por expressões indeterminadas, vacilantes e desbotadas. Mas são forçados a esse movimento acrobático e têm de evitar tocar a terra, como lugar onde eles, chocando-se com o real, o determinado, o singular e o claro, encontrariam recifes altamente perigosos, nos quais suas escunas de palavras poderiam naufragar. Pois, em vez de dirigir os sentidos e o entendimento firme e fixamente para o mundo intuitivo presente (como para o que é dado de modo próprio e verdadeiro), para o não-falsificado e o em si mesmo não exposto ao erro, através do qual temos de penetrar na essência das coisas, eles nada conhecem senão as mais altas abstrações como o ser, a essência, o devir, o absoluto, o infinito etc.; partem dessas abstrações e, com elas, constroem sistemas, cujo conteúdo, afinal, consiste em meras palavras, que são apenas bolhas de sabão para brincar por um instante, mas que não podem tocar o solo da realidade sem estourar.

Se, com tudo isso, a desvantagem que os intrusos e ineptos trazem às ciências fosse apenas a de nada produzirem – como acontece nas belas-artes –, poderíamos consolar-nos e não fazer caso disso. Só que aqui eles causam danos reais, antes de mais nada pelo fato de se manterem todos em união natural contra o bem e aplicarem todas as suas forças para não deixar que ele surja, a fim de obter prestígio para o mal. Não nos enganemos quanto a isso, pois existe, em todos os tempos, por todo o globo terrestre e em todas as situações uma conspiração tramada pela própria natureza das inteligências medíocres, ruins e tolas contra o espírito e o entendimento. Contra ambos juntam-se aliados fiéis e numerosos. Ou somos tão crédulos para acreditar que, pelo contrário, eles só estão esperando pela supremacia do espírito e do entendimento para reconhecê-la, honrá-la e proclamá-la, e depois disso verem-se a si mesmos bem merecidamente reduzidos a nada? – Seu criado, obrigado! – Mas: *Tantum quisque laudat, quantum se posse sperat imitar*[61]. "No mundo deve haver ignorantes e tão-só ignorantes, para que nós também sejamos algo!" Este é o seu verdadeiro lema, e não deixar surgir os aptos lhes é um instinto tão natural quanto o do gato é apanhar ratos. Recorde-se aqui também o belo trecho de Chamfort, citado na conclusão do ensaio anterior[62]. Seja, pois, manifestado o segredo público[63], seja mostrado o feto assombroso à luz do dia, por mais estranho que nela se apresente: em todos os tempos, em toda parte e situação, a limitação intelectual não odeia nada no mundo com uma tão profunda ira quanto o entendimento, o espírito e o talento. Que a limitação intelectual permaneça fiel a isso, se mostra em todas as esferas, oportunidades e relações da vida, pois se esforça sobretudo para abafá-los, desarraigá-los e extirpá-los, a fim de ficar *sozinha*. Nenhuma bondade, nenhuma brandura pode reconciliá-la com a su-

---

61. "Cada um louva tanto quanto espera ser capaz de imitar." (N. dos T.)

62. Veja-se *Fragmento para a história da filosofia, in S. W.*, t. IV, p. 168. A passagem de Chamfort citada diz: "En examinant la ligue de sot contre les gens d'esprit, on croirait voir une conjuration de valets pour écarter les maîtres" (Examinando a liga dos tolos contra os homens de espírito, crer-se-ia ver uma conjuração dos criados para afastar os senhores"). (N. dos T.)

63. Veja-se página 4, nota 3, da presente tradução. (N. dos T.)

premacia da força espiritual. Assim é, não se pode mudar e terá de permanecer. E que assustadora maioria está a seu lado! Esse é o obstáculo capital para qualquer forma de progresso da humanidade. Mas, sob tais limitações, como se pode caminhar *neste* domínio, em que não basta, como nas outras ciências, uma boa cabeça aplicada e perseverante, mas em que se exigem predisposições bem próprias, que só existem à custa da felicidade pessoal? Pois, verdadeiramente, o esforço mais abnegado e sincero, o ímpeto irresistível para a decifração da existência, a seriedade da meditação que se esforça para penetrar no mais íntimo dos seres e o entusiasmo genuíno pela verdade – tais são as condições primeiras e imprescindíveis para a ousadia de se apresentar, mais uma vez, diante da antiga esfinge, numa tentativa reiterada de resolver seu eterno enigma, sob o risco de se precipitar, como tantos outros predecessores, no abismo escuro do esquecimento.

Outra desvantagem que a prática dos intrusos traz em todas as ciências é o fato de que constrói o templo do erro, em cuja posterior demolição boas cabeças e mentes honestas têm de se esfalfar às vezes por toda a vida. E justo na filosofia, no saber mais universal, mais importante e mais difícil! Se quisermos testemunhos especiais disso, consideremos o medonho exemplo da hegelharia, aquela falsa sapiência insolente que, no lugar do pensamento e da investigação próprios, prudentes e honestos, põe, como método filosófico, o automovimento dialético dos conceitos, ou seja, um *autômato objetivo do pensamento* que faz, por conta própria, cambalhotas livres no ar ou no Empíreo. Suas pistas, trilhas e pegadas são as escrituras de Hegel e dos hegelianos, que, longe de ser algo absolutamente objetivo, são antes algo chocado em testas superficiais e de cascas grossas, algo altamente subjetivo e, além do mais, pensado por sujeitos bem medíocres. Mas, depois disso, observe-se a altura e duração dessa torre de Babel e ponderem-se os prejuízos incalculáveis que tal filosofia do disparate absoluto – imposta por meios estranhos e exteriores à juventude estudantil – teve de trazer à geração formada sob sua influência e, daí, a toda a época. Não estão por isso desparafusadas e pervertidas, desde o fundamento, inúmeras cabeças da presente geração de eruditos? Não estão atulhadas de opiniões corrompidas e, onde esperávamos pensamentos, não ouvimos frases ocas, palavrório que nada diz e o nojento jargão hegeliano? Não é desvairada toda sua opinião sobre a vida e no lugar dos nobres e elevados pensamentos que ainda animavam seus predecessores mais próximos não se encontra a mentalidade mais superficial, mais filistéia e mais mesquinha? *Numa* palavra: a juventude amadurecida na chocadeira da hegelharia não se apresenta como homens castrados no espírito, incapacitados para o pensar e cheios da mais ridícula presunção? Certamente, eles são constituídos no espírito como o são corporalmente alguns herdeiros do trono – aos quais antigamente se procurava tornar incapazes para o governo ou para a continuação da estirpe por meio da devassidão ou das drogas –: extenuados espiritualmente, roubados do uso correto de sua razão, um objeto de compaixão, um tema permanente para as lágrimas paternas. – Mas, por outro lado, ouçamos ainda que juízos chocantes sobre a própria filosofia e, em geral, que censuras infundadas se proferem contra ela. Numa investigação mais acurada, descobre-se que por filosofia esses caluniadores só entendem o desatino sem espírito e cheio de interesses daquele miserável charlatão, e seu eco nas cabeças ocas de seus admiradores insípidos: e acreditam realmente que isso seja filosofia! Eles nem mesmo conhecem outra. Decerto, quase todos os jovens contemporâneos foram infeccionados pela hegelharia, do mesmo modo que pela doença dos franceses; e, como este mal envenena todos os humores do corpo, assim também aquela corrompeu todas as forças do espírito. Por isso, a maioria dos jovens eruditos de nossos dias já não é capaz de nenhum pensamento saudável e de nenhuma expressão natural. Em suas cabeças não há um único conceito preciso, nem mesmo claro e determinado, do que quer que seja: o palavreado desordenado e vazio dissolveu e obnubilou sua força de pensamento. Acrescente-se a isso que o mal da hegelharia não é menos difícil de extirpar que a doença com que foi comparado acima, uma vez que penetrou diretamente no *sucum et sanguinem*[64]. Em contrapartida, pôr e difundir esse mal no mundo foi bastante fácil, já que as idéias logo batem em retirada quando os interesses se põem em marcha contra elas, quer dizer, quando se empregam meios e vias *materiais* para a difusão de opiniões e estabelecimento de juízos. A juventude sem malícia vai para a universidade cheia de confiança infantil e olha com respeito para o suposto proprietário

──────────

64. "No humor e no sangue." (N. dos T.)

de todo o saber, e mesmo para o presumível investigador de nossa existência – para o homem cuja fama ela ouve anunciada entusiasticamente por milhares de vozes, e em cujas conferências vê idosos homens de Estado como ouvintes. Ela vai, pois, para lá pronta para aprender, crer e honrar. Se então se oferecer para ela, sob o nome de filosofia, um completo caos de pensamentos postos de ponta-cabeça, uma doutrina da identidade do ser e do nada, uma composição de palavras que esgota todo pensar da cabeça saudável, um palavrório que lembra o de um hospício, e que, além disso, é ainda guarnecido com rasgos de ignorância crassa e incompreensão colossal (como demonstrei inconteste e irrefutavelmente, a partir do compêndio de Hegel para seus alunos, no prefácio à minha *Ética*, para, aliás, esfregar merecidamente o *sumus philosophus* no nariz da Academia Dinamarquesa, essa bem contagiada encomiasta dos trapalhões e matrona protetora dos charlatães filosóficos)[65] – então, a juventude sem malícia e sem juízo honrará tal futilidade, pensará de fato que a filosofia tem de consistir em tal abracadabra e sairá da universidade com uma cabeça paralítica, na qual, doravante, meras palavras valerão por pensamentos, tor-

---

65. Veja-se *S. W.*, t. III, pp. 495 ss. Em seu julgamento da obra de Schopenhauer "Sobre o fundamento da moral" (posteriormente publicada junto com a dissertação "Sobre a liberdade da vontade" em *Dois problemas fundamentais da ética*), a Academia Real de Ciências da Dinamarca censura o autor por ter citado de modo "tão inconveniente" (*tam indecenter*) filósofos ilustres como Fichte e Hegel. Este último é considerado pela Academia um *sumus philosophus*. O compêndio para estudantes de que fala Schopenhauer é a "Bíblia dos hegelianos", ou seja, a *Enciclopédia das ciências filosóficas*. (N. dos T.)

nando-se, com isso, para sempre incapaz de produzir pensamentos efetivos; ou seja, castrada no espírito. Daí surge uma geração de cabeças tão impotentes, desparafusadas e, sobretudo, cheias de pretensão, regurgitando interesse e anêmica em idéias, como a que temos agora diante de nós. Essa é a história do espírito de milhares daqueles cuja juventude e a mais bela força foram emprestadas pela falsa sapiência; no entanto, eles também deveriam ter usufruído o benefício que a natureza preparou para muitas gerações, ao conseguir fazer uma cabeça como a de Kant. – Com a filosofia verdadeira, exercida apenas no seu próprio interesse por pessoas livres e não tendo nenhum outro apoio a não ser seus próprios argumentos, tal abuso jamais poderia ter sido cometido; mas só o pôde ser com a filosofia universitária, que, já de origem, é um recurso do Estado, razão pela qual vemos também que, em todos os tempos, o Estado se imiscuiu nas disputas das universidades e tomou partido, quer se tratasse de realistas contra nominalistas, de aristotélicos contra ramistas, ou de cartesianos contra aristotélicos, quer se tratasse de Christian Wolff, Kant, Fichte, Hegel, ou o que quer que fosse.

Entre as desvantagens que a filosofia universitária trouxe à filosofia verdadeira e pensada de modo sério está, em particular, a acima aludida expulsão da filosofia kantiana pelas fanfarronadas dos três louvados sofistas. É que primeiro Fichte e depois Schelling, ambos não destituídos de talento, mas por fim até o grosseiro e nojento charlatão Hegel – esse homem pernicioso que desorganizou e corrompeu completamente as inteligências de toda uma geração –, foram proclamados como os que teriam continuado e suplantado a filosofia de Kant e, assim, pisando no seu pescoço, alcançado um grau incomparavelmente mais alto de conhecimento e penetração, donde olhariam de cima, quase compassivamente, o trabalho esforçado de Kant, preparatório para a magnificência deles: só eles, portanto, seriam os filósofos propriamente grandes. Desprovida de julgamento próprio e sem aquela sempre tão salutar desconfiança diante dos professores, que só a inteligência excepcional, isto é, dotada da faculdade de julgar e do senso para ela, já traz para a universidade, não espanta que a juventude tenha acreditado no que ouviu e logo tenha suposto que não podia deter-se por muito tempo nos difíceis trabalhos preparatórios para a nova e alta sabedoria, ou seja, no velho e rígido Kant, mas devia acorrer com passos rápidos para o novo templo da sabedoria, em cujo altar aqueles três fanfarrões se sentaram sucessivamente em meio a cânticos de louvor dos adeptos estultos. Infelizmente, porém, não há nada para aprender com esses três ídolos da filosofia universitária; seus escritos – e na maioria, sem dúvida, os hegelianos – são perda de tempo e de inteligência. A conseqüência desse processo foi que, pouco a pouco, morreram os verdadeiros conhecedores da filosofia kantiana e, portanto, para vergonha da época, a mais importante de todas as doutrinas filosóficas já estabelecidas não pôde continuar como algo vivo que se mantém na mente; só está presente na letra morta, nas obras do seu criador, esperando por uma geração mais sábia ou, pelo menos, não enganada nem mistificada. É por isso que um entendimento profundo da filosofia kantiana quase só se encontra em alguns poucos eruditos mais velhos. Em contrapartida, os escritores filosóficos de nossos dias puseram à luz o mais escandaloso desconhecimento dela, desconhecimento que aparece do modo mais chocante nas suas exposições dessa doutrina, mas que de resto também se evidencia claramente assim que se põem a falar sobre a filosofia kantiana e afetam saber algo sobre ela; então ficamos indignados de ver pessoas que vivem da filosofia não conhecer própria e efetivamente a doutrina mais importante que foi estabelecida nos últimos dois milênios e lhes é quase contemporânea. Isso vai tão longe, que citam falsamente os títulos dos escritos kantianos e, às vezes, põem na boca de Kant exatamente o contrário do que ele disse, mutilando seus *termini technici* até a perda de sentido e usando, sem nenhum critério, o que foi por ele designado. Pois, certamente, não dá para conhecer a doutrina daquele espírito profundo – e isso é até um atrevimento ridículo – por meio de uma folheada ligeira das obras kantianas, digna apenas dos polígrafos e negociantes filosóficos que, ainda por cima, supõem tê-la deixado há muito tempo "para trás". Ora, Reinhold, o primeiro apóstolo de Kant, disse só ter penetrado no sentido próprio da *Crítica da razão pura* depois de tê-la estudado esforçadamente de cabo a rabo por cinco vezes. Mas um público comodista e fácil de enganar supõe que pode apropriar-se, no mais curto prazo e sem qualquer esforço, da filosofia de Kant a partir das exposições que essa gente oferece! Ora, isso é absolutamente impossível. Sem um estudo pessoal, feito com afinco e muitas vezes repetido das principais obras kantianas, nunca se alcançará nem ao menos um conceito do fenômeno filosófico mais importante que já houve. Pois Kant é talvez a inteligência mais original já criada pela natureza. Pensar com ele e à sua maneira é algo que não pode ser comparado a nenhuma outra coisa, pois possuía um grau de discernimento, claro e bem próprio, como jamais coube a outro mortal. Comprazemo-nos com tal discernimento quando, iniciados por um estudo aplicado e sério, chegamos a pensar efetivamente com a cabeça de Kant, entregando-nos completamente à leitura dos capítulos propriamente profundos da *Crítica da razão pura*, pelo que somos alçados bem acima de nós mesmos como, por exemplo, quando voltamos a nos ocupar dos "princípios do entendimento puro" (sobretudo quando meditamos sobre as "analogias da experiência") e penetramos no pensamento profundo da *unidade sintética da apercepção*. Sentimo-nos então apartados e distanciados de toda existência onírica em que estamos submersos, já que temos em mãos cada um de seus elementos originais e vemos como tempo, espaço e causalidade, ligados pela "unidade sintética da apercepção" de todos os fenômenos, tornam possível o complexo onírico do todo e de seu curso, como sendo aquilo em que consiste nosso mundo a tal ponto condicionado pelo intelecto, que é, por isso mesmo, mera aparência[66]. A saber, a "unidade sintética da apercepção" é aquela conexão do mundo como um todo que repousa nas leis de nosso intelecto e é,

---

66. *Erscheinung* pode significar em alemão "fenômeno" ou "aparência". Assim, Schopenhauer pode falar do mundo dos fenômenos ou das aparências como o mundo da "existência onírica em que estamos submersos". Para Kant, note-se, fenômeno não é sinônimo de aparência. (N. dos T.)

por isso, inviolável. Em sua exposição, Kant demonstra as leis originárias do mundo ali onde elas convergem com as de nosso intelecto, apresentando-as em *um fio*[67]. Esse modo de contemplar, exclusivo de Kant, pode ser descrito por nós como o olhar mais distanciado que já se lançou sobre o mundo e como o mais alto grau de objetividade. Segui-lo proporciona um prazer espiritual, ao qual talvez nenhum outro se compare. Pois ele é de uma espécie mais nobre que os proporcionados pelos poetas, que são, sem dúvida, acessíveis a todos, ao passo que ao prazer aqui descrito têm de preceder fadiga e esforço. Mas que sabem desse prazer os filósofos de profissão de hoje? Nada, por certo. Há pouco tempo, li uma diatribe psicológica de um deles[68], na qual se fala muito da "apercepção sintética" (*sic*) de Kant; Fortlage, como todos eles, usa de bom grado os termos técnicos de Kant, se bem que, como ali, só meio de orelhada, o que os torna sem sentido. Ele pensava que, por "apercepção sintética", se deveria entender o esforço de atenção! São, pois, essas coisinhas e outras que tais os temas favoritos da filosofia de jardim de infância desses filósofos de profissão. De fato, esses senhores não têm tempo, nem gosto, nem motivação para estudar Kant – ele lhes é tão indiferente

....
67. Alusão à noção kantiana de fio condutor. (N. dos T.)
68. Carl Fortlage, no *Deutsches Museum*. (N. do A.) (Fortlage [1806-1881] foi *Privatdozent* em Heidelberg e professor em Jena. Seguidor de Fichte e da psicologia empírica de Beneke, escreveu, entre outros, *História genética da filosofia desde Kant* e *Sistema da psicologia enquanto ciência empírica a partir da observação do sentido interno*. Veja-se *Philosophen-Lexikon: Handwörterbuch der Philosophie nach Personen*, Berlim, Walter de Gruyter, 1949, organizado por Werner Ziegenfuss.) (N. dos T.)

quanto eu. Ao seu paladar refinado, apetecem pessoas bem diferentes. Isto é, o conteúdo de sua meditação e o que lhes convém é o que disse o perspicaz Herbart e o grande Schleiermacher ou mesmo "o próprio Hegel". Além disso, eles vêem com o maior prazer o "Kant tritura tudo"[69] caído no esquecimento e apressam-se em fazer dele uma aparição morta e histórica, um cadáver, uma múmia à qual possam encarar sem temor. Pois Kant, com a maior seriedade, pôs fim ao teísmo judaico na filosofia, coisa que eles de bom grado encobrem e ignoram, porque sem o teísmo eles não podem *viver* – quero dizer, não podem comer e beber.

Depois de tal retrocesso no maior progresso que a filosofia já realizou, não é de admirar que o suposto filosofar desta época tenha recaído no mais completo procedimento acrítico, numa rudeza inacreditável, oculta sob frases empoladas, e num tatear naturalista muito pior que o existente antes de Kant. Assim, pois, em toda parte, sem cerimônia e com o descaramento próprio da rude ignorância, fala-se, por exemplo, da *liberdade moral* como coisa estabelecida e até mesmo imediatamente certa, da existência e essência de Deus como coisas que se entendem por si mesmas, e também da "alma" como de uma pessoa conhecida de todos. E até a expressão "idéias inatas", que desde a época de Locke

---

69. "Kant tritura tudo": "Toda a filosofia ocidental precedente, parecendo em face da kantiana indizivelmente desajeitada, desconheceu aquela verdade e, justamente por isso, falou como que em sonhos. Kant foi o primeiro que despertou subitamente desse sonho, e por isso os últimos dorminhocos (Mendelssohn) chamaram-no o tritura tudo", Schopenhauer, *Crítica da filosofia kantiana*, *op. cit.*, p. 89. (N. dos T.)

teve de se enfurnar, ousa reaparecer. Também tem a ver com isso o descaramento grosseiro com que os hegelianos falam pormenorizadamente em todos os seus escritos, sem cerimônias e apresentação, do assim chamado "Espírito", fiando-se em que fiquemos completamente pasmos com seu galimatias, quando o certo seria que alguém molestasse o senhor professor com a pergunta: "Espírito? Quem é esse rapaz? E donde o conhece? Não é ele uma mera hipóstase, arbitrária e cômoda, que o senhor nunca definiu, para não dizer, deduziu ou provou? Acredita o senhor ter diante de si um público de velhas senhoras." Essa seria a fala adequada contra um tal filosofastro.

Como traço de caráter divertido do filosofar dessa gente de negócio, já mostrei antes, no caso da "apercepção sintética", que, embora não usem a filosofia de Kant – por ser inconveniente e muito séria para eles, e também por não mais poderem entendê-la corretamente – para dar uma tintura científica à sua conversa fiada, gostam de vir a toda hora com expressões dela tiradas, mais ou menos como as crianças gostam de brincar com o chapéu, a bengala e a espada do papai. Os hegelianos fazem isso, por exemplo, com a palavra "categorias", designando com ela toda sorte de conceitos gerais e amplos, sem se preocupar, na sua feliz inocência, com Aristóteles e Kant. Além disso, fala-se muito na filosofia kantiana do uso *imanente e transcendente*, ao lado da validade de nossos conhecimentos; meter-se em tais distinções perigosas seria naturalmente desaconselhável para nossos filósofos de diversão. Mas eles gostariam muito de reter as expressões, já que soam tão eruditas. Então as empregam da seguinte maneira: tendo como objeto principal de sua filosofia tão-só o bom Deus – que por isso também aparece ali como um velho conhecido que dispensa apresentação –, disputam se ele está no mundo ou fora dele, isto é, se reside num espaço onde não há mundo. No primeiro caso, intitulam-no *imanente* e, no outro, *transcendente*, falando o jargão hegeliano, naturalmente para se dar ares de alta seriedade e erudição. Esse é seu divertimento predileto, que lembra a nós, mais velhos, a estampa do *Almanaque satírico*, de Falk, que mostra Kant subindo aos céus num balão e atirando todas as suas peças de vestuário, inclusive o chapéu e a peruca, à terra, onde macacos as recolhem e com elas se enfeitam.

Mas não se pode duvidar que o fato de a filosofia séria, profunda e honesta de Kant ter sido recalcada pelas fanfarronadas praticadas pelos sofistas unicamente em vista de fins materiais teve a influência mais prejudicial para a cultura da época. Além disso, o elogio de uma cabeça tão sem valor e mesmo inteiramente corrompida como a de Hegel, como se fosse a do primeiro filósofo deste e de todos os tempos, foi indubitavelmente a causa da degradação total da filosofia e da decadência da literatura mais elevada durante os últimos trinta anos. Ai do tempo em que o atrevimento e o disparate repeliram a inteligência e o entendimento! Pois os frutos adquirem o sabor do solo em que cresceram. Aquilo que se elogia em voz alta, em público e em todo lugar é o que é lido, e é, portanto, o alimento espiritual da geração que se forma; esse alimento exerce, porém, a influência mais decisiva na seiva e, depois, nos produtos dela. Por isso, a filosofia dominante numa época determina seu espírito. Logo que a filosofia do disparate absoluto domina, absurdos apanhados ao léu e proferidos em conversa de loucos de hospício valem por grandes pensamentos – e então surge, depois de tal semeadura e tal como vemos agora, a bela geração sem espírito, sem amor à verdade, sem honestidade, sem gosto, sem elevação para qualquer coisa de nobre, para qualquer coisa que esteja acima dos interesses materiais, de que também fazem parte os interesses políticos. Está para ser explicado como, à época em que Kant filosofou, Goethe poetou e Mozart compôs, pôde seguir-se a época atual dos poetas políticos, dos filósofos ainda mais políticos, dos literatos famintos levando uma vida miserável com uma literatura de mentira e dos borradores estropiando intencionalmente a língua de todas as maneiras. Esta época é nomeada, de modo tão característico quanto eufônico, com uma daquelas palavras que eles mesmos forjaram: o "tempo de agora"[70]. Isso mesmo: "tempo de agora", quer dizer,

....
70. "*Jetztzeit* (tempo de agora): aparece em Jean-Paul com o significado de presente. Como se pode, pergunta ele, falar do 'espírito do tempo', se o 'tempo se cinde em tempos como o arco-íris em gotas que caem', e se esse tempo, depois, desenvolve um outro espírito 'em todos os incontáveis mundos do presente' e em todos os países? 'Segue-se daí que, se esse mesmo incomensurável 'tempo de agora' (*Jetzozeit*) tem de ter milhões de 'espíritos do tempo' diferentes, então eu pergunto: onde aparece para o senhor com clareza o mencionado 'espírito do tempo': na Alemanha, na França ou alhures?' (Jean-Paul, *Levana oder Erziehlehre*, edição histórico-crítica, A1/12, 1937, p. 115.) Schopenhauer critica essa construção repetidamente: ele a considera sintomática do otimismo, da presun-

em que só se pensa no agora e não se ousa lançar nenhum olhar para o tempo vindouro que desponta. Eu desejaria poder mostrar a esse "tempo de agora", num espelho mágico, como ele se apresentará aos olhos da posteridade. Entretanto, o "tempo de agora" chama aquele passado, até há pouco louvado, de "tempo das tranças"[71]. Mas aquelas tranças tinham *cabeças*; agora, pelo contrário, junto com o caule parece ter também desaparecido o fruto.

Os sequazes de Hegel têm, portanto, toda razão quando afirmam que a influência de seu mestre sobre seus contemporâneos foi incomensurável. Toda uma geração de eruditos completamente paralisada no espírito, tornada incapaz para todo pensar e levada a ponto de nem mesmo saber o que é o pensar, acha que é pensamento filosófico tanto o mais mal-intencionado e ao mesmo tempo insípido jogo de palavras e conceitos quanto a falação mais irrefletida, feita de afirmações apanhadas ao léu, frases sem nenhum sentido ou contraditórias sobre os temas tradicionais da filosofia – foi essa a louvada influência de Hegel. Comparemos apenas os manuais dos hegelianos (como ainda hoje se atre-

....

ção e da falta de sentido estético de seu tempo, 'que se designa bem adequadamente a si mesmo com a palavra tão pretensiosa quanto cacofônica *Jetztzeit*, como se o seu agora fosse o agora kat'exokhén (por excelência) e todos os outros agoras só tivessem existido para revelá-lo"; cf. *Historiches Worterbuch der Philosophie*, Darmstadt, Wissenschaftliche Buchgesellschaft, 1971, pp. 648-9, organizado por Joachim Ritter. (N. dos T.)

71. "Tempo das tranças (*Zopfzeit*): época em que os homens usavam uma trança (segunda metade do século XVIII); época literária entre cerca de 1720 e 1770; nas artes figurativas, época entre o rococó e o classicismo", segundo o dicionário alemão *Wahrig*, p. 4290. (N. dos T.)

vem a aparecer) com aqueles de um tempo menosprezado, o assim chamado período eclético imediatamente anterior a Kant, que é visto com infinito desdém, especialmente pelos sequazes de Hegel e por todos os filósofos pós-kantianos. Então verificaremos que aqueles manuais estão ainda hoje para os dos hegelianos como o ouro está, não para o cobre, mas para o estrume. Pois naqueles livros de Feder[72], Platner[73] e outros encontra-se ainda hoje um rico suprimento de pensamentos efetivos, em parte verdadeiros e mesmo valiosos, como também observações certeiras e um honesto ventilar de problemas filosóficos, um estímulo para a reflexão própria, um guia para o filosofar, mas, acima de tudo, um procedimento sempre íntegro. Em compensação, numa produção similar da escola hegeliana, procura-se em vão por algum pensamento efetivo – não há nenhum sequer –, procura-se em vão por algum rastro de reflexão séria e íntegra – isso é estranho ao assunto: ali nada mais se encontra a não ser composições temerárias de palavras que parecem ter sentido, e mesmo um sentido profundo, mas que, postas à prova, se desmascaram como flores de retórica e invólucros de palavras ocos e completamente vazios de sentido e pensamento, com os quais o escritor não busca de modo nenhum instruir seu leitor, mas apenas iludi-lo, para que este acredite ter diante de si um

---

....

72. Professor em Goettingen, cujas obras principais são: *Investigações sobre a vontade humana e princípios do conhecimento da vontade humana e das leis naturais do direito*. (N. dos T.)

73. Autor de *A antropologia para médicos e filósofos e aforismos filosóficos*. (N. dos T.)

pensador, quando se trata de um homem que nem mesmo sabe o que é pensar, de um pecador sem nenhuma inteligência e, ainda por cima, sem conhecimentos. Isso é conseqüência de que, enquanto outros sofistas, charlatães e obscurantistas adulteraram e perverteram apenas o *conhecimento*, Hegel perverteu até mesmo o *órgão* do conhecimento, o próprio entendimento. Pois, obrigando os desencaminhados por ele a meter na cabeça, como se fosse conhecimento de razão, um galimatias feito do disparate mais grosseiro, uma trama de *contradictionibus in adiecto*, um palavrório de hospício, o cérebro da pobre juventude, que lia tais coisas com crédula dedicação e procurava apropriar-se delas como da mais alta sabedoria, saiu tão fora dos gonzos que ficou para sempre incapacitado para o pensar efetivo. Em conseqüência disso, vemos até hoje a pobre juventude circulando por aí, falando em nojento jargão hegeliano, louvando o mestre e supondo, com bastante seriedade, que frases como "a natureza é a Idéia no seu ser-outro" digam algo. Desorganizar de tal maneira cérebros jovens e ainda frescos é um verdadeiro pecado que não merece perdão nem indulgência. Essa foi a louvada influência de Hegel sobre seus contemporâneos, que, infelizmente, muito se difundiu e ampliou. Pois, também aqui, o efeito correspondeu à causa. Como o pior que pode suceder a um Estado é que a classe mais abjeta, a escória da sociedade, tome o timão, assim também nada pior pode acontecer à filosofia e a tudo que dela depende, ou seja, a todo o saber e à vida espiritual da humanidade, que uma cabeça rotineira se destacar tão-só por sua obsequiosidade ou por seu atrevimento em escrever disparates. É assim que um Hegel é proclamado, com enorme e inigualável ênfase, como o homem no qual a filosofia alcançou, de uma vez por todas, seu alvo por tanto tempo perseguido. Pois a conseqüência de tão alta traição ao que há de mais nobre na humanidade vem a ser uma situação como a da filosofia hoje e, por isso, também a da literatura em geral na Alemanha: no cume, ignorância irmanada com sem-vergonhice; no lugar do mérito, camaradagem; completa desordem de todos os conceitos fundamentais; total desorientação e desorganização da filosofia; cabeças banais como reformadores da religião; audaz entrada em cena do materialismo e do bestialismo; desconhecimento das línguas antigas e mutilação da própria pelo corte desmiolado da palavra e da mesquinha enumeração das letras segundo o critério pessoal dos ignorantes e dos cabeças ocas etc. etc. – basta olhar em torno de vós! Ainda como sintoma externo desse excesso de rudeza, olhai sua constante companheira – a barba crescida, esse signo do sexo no meio do rosto, indicativo de que se prefere, à *humanidade*, a masculinidade que se tem em comum com os animais, pois se deseja antes de tudo ser *macho* (*mas*), e só depois um *ser humano*. Em todas as épocas e países altamente civilizados, o barbear-se nasceu exatamente do sentimento contrário, por meio do qual se desejava ser antes de tudo um ser humano, de certo modo um ser humano *in abstracto*, deixando de lado a diferença sexual animalesca. A barba crescida, ao contrário, caminhou passo a passo com a barbárie, cujo nome ela recorda. Por isso floresceram as barbas na *Idade Média*, esse milênio da rudeza e ignorância, cuja moda e estilo nossos nobres do "tempo de agora" se esforçam por imitar[74]. – Outra conseqüência, embora secundária, da traição à filosofia de que aqui se fala não pode ser omitida: é o fato de que a nação é desprezada pelos vizinhos, e a época, pela posteridade. Pois quem planta colhe, e nada cai do céu.

Falei anteriormente da poderosa influência que a nutrição do espírito tem sobre uma época. Essa influência consiste em determinar tanto o conteúdo quanto a forma do pensar. Por isso, é muito importante o que é elogiado e, depois, lido. Pois o pensar com um espírito verdadeiramente grande fortalece o espírito próprio, transmite-lhe um movimento regular e o põe num elã certeiro: age analogamente à mão do alfabetizador que conduz a da criança. Inversamente, a inteligência é cor-

---

[74]. A barba, dizem, é natural ao ser humano: certamente e por isso mesmo ela é adequada ao ser humano no estado de natureza, tanto quanto o escanhoar-se o é ao ser humano no estado civilizado, pois mostra que aqui a rude violência animal, cujo signo imediatamente perceptível é aquela excrescência própria ao sexo masculino, teve de abrandar-se diante da lei, da ordem e do costume.

A barba aumenta e salienta a parte animal do rosto e, por isso, lhe dá um aspecto tão chamativo e brutal; basta olhar um barbudo de perfil enquanto come!

Quiseram fazer passar a barba por um ornamento. Durante duzentos anos, esse ornamento era habitualmente visto só nos judeus, cossacos, capuchinhos, prisioneiros e salteadores. A ferocidade e a atrocidade que a barba empresta à fisionomia consistem no fato de que uma massa sem vida ocupa metade do rosto, e justo a metade que exprime o que há de moral. Além disso, todo ser peludo é animalesco. O escanhoar-se é símbolo de alta civilização. Por isso, a polícia já está autorizada a proibir as barbas, porque elas são meias máscaras sob as quais é difícil reconhecer o homem: elas favorecem todo tipo de desordem. (N. do A.)

rompida no mesmo grau pelo pensar com gente como Fichte, Schelling e Hegel, que visam à mera aparência e, assim, à ilusão do leitor; mas ela não é menos corrompida pelo pensar com mentes obtusas ou com as que vestiram seu entendimento pelo avesso, das quais Herbart é um exemplo. Em geral, porém, a leitura dos escritos de inteligências apenas comuns é um irrecuperável desperdício de tempo e força, principalmente numa disciplina em que não se trata dos fatos ou de sua constatação, mas em que só pensamentos próprios constituem o conteúdo. Pois, o que gente assim pensa, qualquer um também pode pensar; não melhora em nada o fato de que essa gente se dispôs formalmente para o pensar e nele se obstinou, pois isso não aumenta suas forças e, na maioria das vezes, nem chegamos a pensar quando nos dispusemos formalmente a isso. Acrescente-se ainda que o intelecto dessa gente permanece fiel à sua destinação natural de trabalhar a serviço da vontade, como normalmente acontece. Mas, por isso mesmo, existe sempre uma *intenção* como fundamento do seu agir e pensar: eles têm *fins* o tempo todo e só tomam conhecimento do que diz respeito a esses fins e, portanto, só do que corresponde a esses fins. A atividade do intelecto liberto da vontade, condição da pura objetividade e, por isso, de todas as grandes realizações, permanece-lhes eternamente estranha – é uma fábula para seu coração. Para eles, só fins têm interesse, só fins têm realidade, pois neles o querer permanece predominante. Logo é duplamente todo perder tempo com suas produções. Todavia, o que o público nunca reconhece e compreende, porque tem boas razões para não querer reconhecê-lo, é a *aristocracia da natureza*. Por isso, para se familiarizar com as produções do mais recente trapalhão, o público põe de lado os raros e poucos aos quais a natureza, no decorrer dos séculos, distribuíra a elevada vocação de refletir sobre ela ou também de expor o espírito de suas obras. Se um dia houve um herói, logo o público coloca um ladrão ao lado dele – como se também fosse herói. Se a natureza, de bom humor, deixou sair de suas mãos a mais rara de suas criações, um espírito com dotes realmente acima da média; se o destino, com suave disposição, permitiu seu aperfeiçoamento e se suas obras venceram finalmente a "resistência do mundo estúpido"[75] e são reconhecidas e recomendadas como modelo – isso não dura muito, e logo aquela gente vem arrastando um pecador de sua laia para colocá-lo no altar ao lado dele; mesmo porque não compreende nem tem a menor idéia de como *a natureza é aristocrática*. Ela é tão aristocrática que, em trezentos milhões de seus produtos de fábrica, não surge nem ao menos *um* espírito verdadeiramente grande. Por isso, deve-se travar um conhecimento íntimo com ele, considerar suas obras como uma espécie de revelação, lê-las incansavelmente e utilizar-se delas *diurna noturnaque manu*[76], mas é preciso também, pelo contrário, deixar todas as inteligências corriqueiras serem o que elas são, a saber, algo tão comum e corriqueiro quanto moscas na parede.

A praxe acima descrita de trazer pecadores para o altar se introduziu na filosofia sem a menor esperança

---
75. Goethe, *Epílogo ao sino de Schiller*. (N. dos T.)
76. "Dia e noite." (N. dos T.)

de melhora; sempre e em toda parte, Fichte é chamado para o lado de Kant, como se fosse um igual: "Kant e Fichte" tornou-se uma frase corrente. "Vejam como nós maçãs boiamos", disse o...[77] Igual honra foi concedida a Schelling e – *proh pudor!*[78] – até mesmo ao borrador de disparates e corruptor de cabeças Hegel! Assim, o cume deste Parnaso ficou cada vez mais achatado. "Tendes olhos?", dever-se-ia clamar a um tal público, assim como Hamlet clamou sua mãe indigna. Ah, essas pessoas não têm olhos! São sempre as mesmas que, em toda parte e todo tempo, deixaram à míngua o mérito genuíno, para homenagear todo gênero de macaqueadores e maneiristas. Pois presumem que também estão estudando filosofia quando lêem os produtos daqueles indivíduos presentes em todas as feiras de livros, em cuja consciência nebulosa mesmo os problemas mais simples da filosofia soam tão pouco quanto o sino na campânula de vácuo; indivíduos que, para falar a verdade, não foram feitos nem equipados pela natureza para nenhuma outra coisa a não ser exercer sossegadamente, como os demais, um negócio honesto ou cultivar o campo e preocupar-se com o aumento do gênero humano, mas que presumem ter de ser, por ofício e dever, "parvos de sons ocos"[79]. Seu contínuo querer

---

77. De acordo com o ditado latino *Ut nos poma natamus*, em sua variante medieval. Vejam-se *Os espertos e penetrantes ditos teutônicos chamados apotegmas* (4, 340), de Julius Wilhelm Zinkgref. Seria para completar: disse o... estrume! (N. do A.)

78. "Oh, vergonha!" (N. dos T.)

79. "Schellenlaute Toren." "Procure o honesto e leal proveito! / Não seja um parvo de sons ocos"; cf. Goethe, *Fausto I*, 549. Belo Horizonte, São Paulo, Itatiaia-Edusp, 1981, trad. Jenny Klabin Segal. (N. dos T.)

intrometer-se e dar palpites assemelha-se à vontade dos surdos de tomar parte na conversa, pois atua apenas como um barulho perturbador e desorientador naqueles que, em todos os tempos, aparecem isoladamente e têm, por natureza, a vocação e o impulso para se dedicar à investigação das verdades mais elevadas; isso quando não fazem barulho para abafar de propósito a voz destes solitários, como é freqüente, porque o que estes oferecem não serve ao negócio de uma gente que só pode ser séria com interesses e fins materiais e que, em virtude de seu grande número, chega a fazer uma tal gritaria, que ninguém mais ouve as próprias palavras. Hoje em dia, a despeito da filosofia kantiana e da verdade, essa gente incumbiu-se da tarefa de ensinar a teologia especulativa, a psicologia racional, a liberdade da vontade e, com desconhecimento da gradação sucessiva do intelecto na série animal, a diferença total e absoluta entre os homens e os animais. Por esse motivo, essa gente atua apenas como *remora*[80] à investigação honesta da verdade. Se um homem fala como eu, eles fingem não ouvir nada. O truque é bom, embora não seja novo. Quero ver, porém, se conseguem arrancar um texugo da toca.

Mas as universidades são manifestamente o foco de todo esse jogo de interesses com a filosofia. Só por meio delas as produções de Kant, que fundaram uma época na filosofia, puderam ser repelidas pelas fanfarronadas de um Fichte, que, por sua vez, foram logo repelidas por companheiros parecidos com ele. Isso nun-

---

80. "Obstáculo." (N. dos T.)

ca poderia ter ocorrido diante de um público propriamente filosófico, quer dizer, um público que busca a filosofia sem outro interesse a não ser ela própria; portanto, em todos os tempos, um público certamente muito reduzido, composto de cabeças efetivamente pensantes e seriamente tomadas pela condição enigmática de nossa existência. Só por meio das universidades, diante de um público de estudantes que aceita credulamente tudo o que compraz ao senhor professor dizer, é que foi possível todo o escândalo filosófico destes últimos cinqüenta anos. O erro fundamental repousa, aqui, no fato de que as universidades se atribuem, também nas coisas da filosofia, a última palavra e o voto decisivo, que cabem, em caso de necessidade, às três faculdades superiores, cada uma em seu domínio[81]. Contudo, não se percebe que outra coisa se passa na filosofia, como numa ciência que ainda deve ser descoberta, como também não se percebe que na atribuição das cátedras de filosofia não se devem levar em consideração, como nas outras cátedras, apenas as capacidades, mas, acima de tudo, a mentalidade dos candidatos. Só por não se dar conta disso é que o estudante pode chegar a pensar que, da mesma forma que o professor de teologia domina profundamente sua dogmática, o professor de direito suas pandectas e o de medicina sua patologia, também o professor que ocupa o posto mais alto, o de metafísica, teria de dominá-la profundamente. Assim, o estudante vai para os cursos

---

81. Refere-se às três faculdades superiores: teologia, direito e medicina. (N. dos T.)

com confiança infantil e, já que encontra um homem que, com ares de reflexão conscienciosa, critica de cima para baixo todos os filósofos que porventura ali estiveram, então ele não duvida ter chegado à ferraria certa e imprime em si credulamente toda a sabedoria que ali borbulha, como se estivesse sentado diante do tripé da Pítia. A partir daí, naturalmente, não há para ele nenhuma filosofia além da de seu professor. Os verdadeiros filósofos, mestres dos séculos e milênios, que, silenciados nas prateleiras, aguardam seriamente os que os desejem, estes o estudante deixa de ler por obsoletos e refutados; tal como o professor, ele os deixou "para trás". Em compensação, compra os filhos do espírito do seu professor, que aparecem a cada feira de livros, e cujas múltiplas reedições só se explicam por tal andamento das coisas. Pois, via de regra, mesmo após os anos de universidade, todos mantêm uma dependência crédula em relação a seu professor, cuja direção do espírito cedo aceitaram e com cuja mania fizeram amizade. Assim, tais monstruosidades alcançam uma difusão que, de outro modo, lhes seria impossível, e seu autor, uma celebridade lucrativa. Do contrário, como poderia ter acontecido que, por exemplo, um tal complexo de perversões como a *Introdução à filosofia*, de Herbart, sobrevivesse a cinco edições? Desse modo, reescreve-se a arrogância do tolo, com a qual (por exemplo, às páginas 234-5 da quarta edição) essa mente decididamente obtusa olha Kant com altivez e desdém, repreendendo-o com indulgência.

Considerações dessa espécie, e precisamente a retrospectiva de todas as atividades filosóficas nas universidades desde Kant, firmam cada vez mais em mim a opinião de que, se deve haver em geral uma filosofia, ou seja, se deve ser permitido ao espírito humano poder dirigir suas forças mais altas e nobres para o problema incomparavelmente mais importante de todos, isso só poderá ocorrer com sucesso quando a filosofia ficar livre de toda influência do Estado. Este, portanto, já faz muito por ela e prova suficientemente sua humanidade e generosidade quando não a persegue, mas a deixa à vontade e permite que ela exista como uma arte liberal, que, de resto, tem de ser a recompensa de si mesma. Em troca, ele pode considerar-se isento dos gastos com as cátedras, pois as pessoas que querem viver *da* filosofia muito raramente serão as que vivem propriamente *para* ela – e até mesmo, às vezes, podem ser as que maquinam sorrateiramente *contra* ela.

Cátedras públicas só convêm a ciências efetivamente existentes e já concluídas, que, por isso mesmo, só precisam ser aprendidas para poderem ser ensinadas, e que, portanto, só devem ser transmitidas no todo, como indica o usual *tradere*[82] no quadro-negro. Nelas, porém, as mentes mais capazes são livres para enriquecê-las, retificá-las e aperfeiçoá-las. Mas é um verdadeiro absurdo permitir que professores ensinem uma ciência que nem mesmo ainda existe, que ainda não atingiu seu alvo nem conhece com segurança seu caminho, e cuja possibilidade ainda é contestada. A conseqüência natural disso é que todo professor acredita ser sua vocação constituir a ciência que ainda está faltando, dei-

---

82. "Transmitir." (N. dos T.)

xando de considerar que tal vocação só pode ser concedida pela natureza, e não pelo Ministério de Instrução Pública. Assim, o professor tenta fazer isso da melhor maneira, coloca seu aborto no mundo o mais depressa possível e o vende como a *sophia* longamente desejada. No batismo de tal aborto, não faltará certamente um colega obsequioso que sirva de padrinho. Por isso, esses senhores, justamente porque vivem da filosofia, tornam-se atrevidos a ponto de se nomearem a si mesmos *filósofos*, de também pressuporem que lhes cabe a última palavra e a decisão nos assuntos da filosofia e, por fim, anunciarem reuniões de filósofos (uma *contradictio in adiecto*, pois filósofos raramente estão juntos no dual e quase nunca no plural) – e, então, eles acorrem em rebanhos para deliberar sobre o bem da filosofia[83].

No entanto, tais filósofos universitários se esforçam sobretudo para dar à filosofia a direção que corresponde aos propósitos que estão no seu coração, ou antes, que ali foram postos. E para isso, se necessário, até moldam e deturpam as doutrinas dos genuínos filósofos antigos e, em caso extremo, chegam a falseá-las para produzir só o de que necessitam. Já que o públi-

---

83. "Nenhuma filosofia exclusiva", clama a reunião dos *filosofastros de Gotha*, ou para dizer bem claro: "Nenhum esforço em direção à verdade objetiva! Viva a mediocridade! Nenhuma aristocracia, nenhuma monarquia dos eleitos pela natureza! Mas domínio da plebe! Cada um de nós fala como lhe dá na veneta, pois cada um vale tanto quanto o outro!" Aí os lumpens têm o jogo nas mãos. É que eles gostariam de banir também da história da filosofia a constituição monárquica até aqui vigente, para introduzir uma república proletária; mas a natureza protesta: ela é rigorosamente aristocrática! (N. do A.)

co é tão infantil em sempre lançar mão do mais novo, e já que tais escritos levam o título de filosofia, a conseqüência é que, dada a falta de gosto, a perversão, o disparate ou, no mínimo, o tédio martirizante deles, boas cabeças que sentem uma inclinação para a filosofia recuam apavoradas diante dela. Assim, a própria filosofia cai pouco a pouco em descrédito, como agora acontece.

As coisas não vão mal apenas com as próprias criações desses senhores, mas o período de Kant até agora demonstra também que eles não estão em condições de proteger o que foi produzido por grandes inteligências e entregue a seus cuidados. Não puseram a perder a filosofia kantiana por meio de Fichte e Schelling? E, além disso, não põem sempre ao lado de Kant, de modo absolutamente escandaloso e injurioso, o fanfarrão Fichte, como sendo mais ou menos seu igual? Depois que os dois filosofastros acima citados repeliram e tornaram antiquada a doutrina de Kant, não tomou lugar do rígido controle de toda metafísica por ele exercido a mais desenfreada fantasmagoria? Por um lado, não participaram bravamente dela e, por outro, não deixaram de se opor a ela com a *Crítica da razão* na mão? Isso porque acharam mais conveniente utilizar-se da frouxa observância em voga, seja para levar ao mercado seus próprios caprichos, coisinhas que eles mesmos chocaram, como por exemplo as farsas de Herbart, a conversa de velhas senhoras de Fries, seja para poder contrabandear as doutrinas da religião do Estado como produtos filosóficos. Tudo isso não abriu caminho para a mais escandalosa charlatanaria filosófica da qual o mundo já teve de se envergonhar, ou seja, para a ação de Hegel e de seus lastimáveis companheiros? Mesmo os que se opuseram a esse abuso não falaram sempre com profunda reverência do grande gênio e do espírito daquele charlatão e borrador de disparates, provando com isso que eram simplórios? Mas – em nome da verdade – disso estariam excluídos Krug e Fries[84], que, apesar de se contraporem francamente ao corruptor de cabeças, apenas lhe demonstraram a deferência inquestionável que todo professor de filosofia tem para com o outro? O barulho e a gritaria que os filósofos universitários alemães fizeram, em admiração daqueles três sofistas, não despertaram finalmente a atenção geral também na Inglaterra e na França, que todavia, depois de uma investigação mais minuciosa da coisa, acabou em risos? Mas eles se mostram principalmente como guardas e depositários infiéis das verdades alcançadas a duras penas no decorrer dos séculos e entregues a seus cuidados, justamente porque elas

....
84. Herbart, Johann Friedrich (1776-1841): filósofo, psicólogo e teórico da educação. Ocupou a cátedra de Kant em Königsberg (1809). Escreveu o *Compêndio de psicologia* (1816), *Psicologia como ciência* (1825) e *Metafísica geral* (1828-1829).

Fries, Jacob Friedrich (1773-1843): autor do tratado polêmico *Reinhold, Fichte e Schelling* e da *Nova crítica da razão* (1807, em três volumes), depois intitulada: *Nova ou antropológica crítica da razão* (1828-1831).

Krug, Wilhelm Traugott (1770-1842): autor da *Filosofia fundamental* (1803) e do *Compêndio das ciências filosóficas*. Em seus escritos, polemizou com a filosofia da natureza de Schelling e Hegel. Veja-se também o trabalho de juventude de Hegel: *Como o entendimento humano comum entende a filosofia, exposto nas obras do senhor Krug*, in *Kritisches Journal der Philosophie* (1802). (N. dos T.)

não servem para seu comércio por não concordarem com os resultados da teologia pura e simplesmente judaica, trivial, racionalista e otimista, que é tacitamente o alvo predeterminado de todo o seu filosofar e do seu modo elevado de falar. As doutrinas, pois, que a filosofia seriamente trouxe, não sem grande esforço, à luz do dia, estas eles tentarão obliterar, esconder, retorcer e rebaixar ao que condiz com seu plano educacional e com a mencionada filosofia de fiandeiras. Um exemplo revoltante dessa espécie é dado pela doutrina da liberdade da vontade. Depois que ficou irrefutavelmente provada a necessidade estrita de todos os atos da vontade humana pelos esforços unidos e sucessivos de grandes cabeças como Hobbes, Espinosa, Priestley e Hume, e também depois de Kant ter tomado a coisa como já completamente estabelecida[85], eles agem de um só golpe como se nada tivesse acontecido, fiando-se na ignorância de seu público, e tomam ainda hoje em nome de Deus, em quase todos os seus manuais, a liberdade da vontade como uma coisa estabelecida e até mesmo imediatamente certa. Como merece ser chamado tal procedimento? Se esses senhores ocultam e negam essa doutrina tão solidamente fundamentada quanto qualquer outra doutrina dos filósofos acima mencionados, para impingir aos estudantes o decisivo absurdo da vontade livre, não serão eles os verdadeiros inimigos da filosofia? E porque (pois *con-*

---

85. Seu postulado da liberdade fundado no imperativo categórico tem validade apenas prática, não teórica. Veja-se o meu *Dois problemas fundamentais da ética*. (N. do A.) (*In S. W.*, t. III, pp. 605 e 671.) (N. dos T.)

ditio optima est ultimi)⁸⁶ a doutrina da necessidade estrita de todos os atos da vontade humana em nenhum lugar é provada tão fundamental, clara, coerente e completamente como no meu escrito premiado e honestamente coroado pela Sociedade de Ciências da Noruega⁸⁷, esse texto não se encontra citado em seus escritos eruditos de jornais e gazetas literárias, de acordo com sua velha política de me tratar em toda parte com resistência passiva: meu texto é mantido no maior sigilo e tido por *non avenu*, como aliás tudo o que não serve a seu lastimável negócio, como minha *Ética* e mesmo toda a minha obra. Minha filosofia não interessa mesmo a esses senhores; mas isso vem do fato de que a fundamentação da verdade não lhes interessa. O que lhes interessa, ao contrário, são seus salários, seus honorários em luíses de ouro e seus títulos de conselheiros áulicos. Na verdade, a filosofia também lhes interessa, isto é, desde que ela lhes dê o pão; só nessa medida a filosofia lhes interessa. Eles são os que Giordano Bruno⁸⁸ já caracterizava como *sordidi e mercenarii ingegni, che, poco o niente sollecti circa la verità, si contentano saper, secondo che comunmente è stimato il sapere, amici poco di vera sapienza, bromosi di fama e reputazione di quella, vaghi d'apparire,*

---

86. "A melhor situação é a dos últimos", Sêneca, *Epistulae*, 79, 6. (N. dos T.)

87. *Sobre a liberdade da vontade – Escrito premiado pela Sociedade Real de Ciências da Noruega, em Drontheim, 26 de janeiro de 1839* (*S. W.*, t. III, pp. 519-627). (N. dos T.)

88. *Opere*, ed. Wagner, v. II, p. 83. (N. dos T.)

poco curiosi d'essere[89]. O que significaria para eles meu escrito premiado *Sobre a liberdade da vontade*, mesmo se ele tivesse sido coroado por dez academias? Em compensação, as tolices das mentes banais de seu bando sobre o assunto tornam-se importantes e recomendadas. Preciso qualificar tal comportamento? São essas as pessoas que representam a filosofia, os direitos da razão e a liberdade do pensar? – Outro exemplo dessa espécie é fornecido pela *teologia especulativa*. Depois de Kant ter subtraído todas as provas que constituíam seus suportes e tê-las lançado radicalmente por terra, isso não impede de forma nenhuma os meus senhores da filosofia lucrativa de venderem ainda, sessenta anos depois, a teologia especulativa pelo objeto próprio e essencial da filosofia. E, porque eles não ousam acolher de novo aquelas provas rejeitadas, isso não os impede de falar agora, cada vez mais sem cerimônia, do *absolutum*, palavra que não é mais que um entimema, uma conclusão de premissas não-explícitas para proveito do vil disfarce e da astuta sub-repção da prova cosmológica, que, desde Kant, não pôde mais ser vista em sua forma própria e, por isso, tem de ser contrabandeada nesse travestimento. Kant, como se tivesse tido um pressentimento dessa artimanha, diz expressamente: "Falou-se em todos os tempos da essência *absolutamente necessária*, mas não se dispendeu o es-

....
89. Talentos "sórdidos e mercenários que, pouco ou nada solícitos para com a verdade, contentam-se em saber de acordo com o que é comumente estimado como saber, pouco amigos da verdadeira sabedoria, ávidos de fama e da reputação que dela advém, sequiosos em aparecer e pouco curiosos em ser." (N. dos T.)

forço suficiente para entender se e como é possível ao menos pensar uma coisa desse tipo, quanto mais provar sua existência... Pois, rejeitando, por meio da palavra *incondicionado*, todas as condições de que carece o entendimento para considerar algo como necessário a cada momento, não me é mais compreensível então se penso de fato algo ou talvez nada, por meio do conceito de um necessário incondicionado."[90] Lembro aqui, ainda mais uma vez, *minha* doutrina de que por necessário, em geral e em toda parte, não se afirma outra coisa senão o que se segue de uma razão existente e dada; tal razão é precisamente, portanto, a *condição* de toda necessidade; o necessário incondicionado é, pois, uma *contradictio in adiecto*, logo não é um pensamento, mas uma palavra oca – um material certamente muito empregado na edificação da filosofia dos professores. A isso também se liga o fato de que, a despeito da grande e marcante doutrina fundamental de Locke acerca da *inexistência de idéias inatas* e a despeito de todos os progressos, nela fundamentados, que desde então foram feitos por Kant na filosofia, esses senhores da φιλοσοφία μισθτοφόρος[91] impinjam sem nenhum embaraço a seus estudantes uma "consciência de Deus" e, principalmente, um conhecimento imediato ou uma percepção de objetos metafísicos mediante a razão. Não ajuda em nada que Kant tenha provado, com o emprego da mais rara acuidade e penetração,

....
90. *Crítica da razão pura*, 1ª ed., p. 592; 5ª ed., p. 620. (N. dos T.)
91. "Filosofia mercenária", cf. p. 30, nota 47, da presente tradução. (N. dos T.)

que a razão teórica jamais pode alcançar objetos que estão fora da possibilidade de toda experiência: esses senhores nem ligam para isso; mas, sem cerimônia, ensinam há cinqüenta anos que a razão tem conhecimentos absolutos e imediatos, que é uma faculdade dotada, de nascença, para a metafísica, e que, acima de toda possibilidade da experiência, reconhece imediatamente e apreende com segurança o assim chamado suprasensível, o *absolutum*, o bom Deus e tudo o mais que daí decorre. Mas é manifestamente uma fábula, ou, dito com franqueza, uma mentira palpável, que nossa *razão* seja uma faculdade que conheça *imediatamente* – e não *por meio de inferências* – os objetos procurados pela metafísica, pois só se precisa de um autoexame, de resto não difícil de ser feito, para se convencer do infundado de tal pretensão; aliás, também a metafísica teria de ser tratada de um modo bem diferente. Entre os piores frutos da filosofia universitária está o fato de que uma tal mentira, substancialmente prejudicial para a filosofia e carente de todo fundamento (a não ser o da confusão e das intenções sutis de seus propagadores), tenha se tornado um dogma de cátedra corrente neste meio século, repetido centenas e centenas de vezes, e que, a despeito do testemunho do maior pensador, seja impingido à juventude estudantil.

Todavia, de acordo com tais preparativos, o tema essencial e próprio da metafísica entre os filósofos de cátedra é a explicação da relação de Deus com o mundo: as mais prolixas discussões sobre esse tema enchem seus manuais. Acreditam-se empregados e pagos, sobretudo, para tornar claro esse ponto, e aí é divertido ver quão sisuda e eruditamente falam do absoluto ou de Deus, portando-se bem seriamente como se de fato soubessem algo do assunto; isso faz lembrar a seriedade com que as crianças brincam. Então surge, a cada feira de livros, uma nova metafísica que, consistindo num relatório minucioso sobre o bom Deus, explica como ele tem passado e como chegou a fazer, parir ou, sabe-se lá como, produzir o mundo – dando a impressão de que recebem notícias fresquinhas sobre ele de meio em meio ano. Alguns caem, porém, numa confusão de efeito altamente cômico. É que têm de ensinar um Deus inteiramente pessoal, tal como aparece no *Velho Testamento* – e eles sabem disso. Mas, por outro lado, há cerca de quarenta anos o panteísmo de Espinosa, segundo o qual a palavra Deus é sinônimo de mundo, tornou-se predominante e virou moda entre os eruditos e até entre os apenas cultos: ora, tampouco desejam rejeitar inteiramente essa doutrina, não se permitindo, porém, estender a mão até essa iguaria proibida. Então procuram ajudar-se com seu recurso habitual: frases obscuras, emaranhadas e confusas, palavrório oco, no que tergiversam deploravelmente; vêem-se, então, alguns asseverar de *um só* fôlego que Deus é totalmente, infinitamente e de longe, bem de longe, diferente do mundo, mas está ao mesmo tempo a ele estreitamente ligado e unido, ou seja, nele enterrado até as orelhas; por isso, fazem-me lembrar todas as vezes do tecelão Bottom do *Sonho de uma noite de verão*, que promete rugir como um apavorante leão mas, ao mesmo tempo, trinar tão docemente como só um rouxinol pode fazê-lo. Executando isso, caem na mais extraordinária confusão: afirmam não haver nenhum lugar para Deus fora do mundo; mas, já que também não podem usá-lo no mundo, fazem o roque com ele de lá para cá e de cá para lá, até perder as duas possibilidades[92].

Por outro lado, a *Crítica da razão pura*, com suas provas *a priori* da impossibilidade de todo conhecimento de Deus, é para eles uma tolice pela qual não se deixam enganar: sabem para que existem. A objeção de que não se pode pensar nada mais não-filosófico do que falar sem cessar sobre a existência de algo de que não se tem comprovadamente nenhum conhecimento – e de cuja essência não se tem nenhum conceito – é para eles uma réplica impertinente: sabem para que existem. Sou para eles, reconhecidamente, um dos que não merecem sua deferência e atenção, e, pela total desconsideração de minhas obras, pretenderam evidenciar o que eu sou (se bem que, com isso, evidenciaram justamente o que *eles* são): como tudo o que produzi durante trinta e cinco anos, também será falar às paredes se eu lhes disser que Kant não estava brincando, que a filosofia não é nem jamais poderá ser, séria e efetivamente, teologia, pois é antes algo total e completamente diferente dela. Como todas as outras

---

92. De uma confusão análoga é que surge o elogio que alguns deles me fazem para salvar a honra de seu bom gosto, já que agora minha luz já não está oculta; mas apressam-se em acrescentar ao elogio a afirmação de que eu não tenho razão na questão principal, pois se guardarão, como é *de rigueur* entre eles, de concordar com uma filosofia que é totalmente avessa a uma mitologia judaica, magnificamente adornada e escondida num palavrório empolado. (N. do A.)

ciências são reconhecidamente corrompidas pela intromissão da teologia, assim também o é a filosofia, e, na verdade, em seu grau máximo, como testemunha sua história. Que isso valha até mesmo para a moral, demonstrei-o claramente na minha dissertação sobre o fundamento dela[93]. Por isso, esses senhores agiram sorrateiramente também em relação a essa obra, fiéis à sua tática de resistência passiva. Ora, a teologia recobre com seu véu todos os problemas da filosofia e torna, com isso, impossível não só sua solução, mas até mesmo sua compreensão. Portanto, como se disse, a *Crítica da razão pura* foi rigorosamente a carta de demissão da até então *ancilla teologiae*[94], que, com isso, abandonou para sempre o serviço de sua severa senhora. Desde então, esta teve de contentar-se com um mercenário que veste ocasionalmente a libré abandonada pelo antigo serviçal, apenas para manter as aparências: como na Itália, onde tais substitutos são vistos sobretudo aos domingos e são por isso chamados pelo nome de *domenichini*.

Mas na filosofia universitária as críticas e argumentos de Kant tiveram de soçobrar. Pois ali isso significa: *Hoc volo, hoc iubeo, stat pro ratione voluntas*[95]; a

....
93. *Sobre o fundamento da moral – Escrito não premiado pela Sociedade Real de Ciências da Dinamarca, em Kopenhagen, 30 de janeiro de 1840, in S. W.*, t. IV, p. 481. Veja-se página 48, nota 65, e página 74, nota 87, da presente tradução. (N. dos T.)

94. "Serva da teologia." (N. dos T.)

95. "Assim quero, assim decreto, que o querer fique no lugar do fundamento." Segundo Löhneysen, a frase é de Juvenal, *Saturarum*, livro VI, 223. (N. dos T.)

filosofia *deve* ser teologia, mesmo que a impossibilidade disso fosse provada por vinte Kants, pois sabemos para que existimos: existimos *in maiorem Dei gloriam*[96]. Todo professor de filosofia é, tanto quanto Henrique VIII, um *defensor fidei*[97] e reconhece nisso sua primeira e principal vocação. Depois de Kant ter cortado o nervo de todas as provas possíveis da teologia – tão incisivamente que desde então ninguém mais pôde meter-se com elas –, o esforço filosófico, em quase cinqüenta anos, tem consistido nas diversas tentativas de insinuar, sutil e astuciosamente, a teologia, e os escritos filosóficos nada mais são, na sua maioria, do que tentativas infrutíferas de reanimar um cadáver sem vida. Assim, por exemplo, os senhores da filosofia lucrativa descobriram no ser humano uma *consciência de Deus*, que até então tinha passado despercebida de todo mundo, e, encorajados pelo acordo recíproco e pela inocência do público mais próximo, jogavam com ela atrevida e temerariamente até que por fim seduziram os honestos holandeses da universidade de Leiden, de tal forma que estes, tomando as tergiversações dos professores de filosofia por progressos da ciência, instituíram bem ingenuamente, no dia 15 de fevereiro de 1844, o concurso sobre a questão: *Quid statuendum de sensu Dei, qui dicitur menti humanae indito*[98] etc.

Em virtude de tal "consciência de Deus", o que todos os filósofos até Kant se esfalfaram para provar, seria

....
96. "Para maior glória de Deus." (N. dos T.)
97. "Defensor da fé." (N. dos T.)
98. "O que se pode determinar sobre a consciência de Deus, que é dita inata à mente humana?" (N. dos T.)

algo *imediamente consciente*. Mas que simplórios deveriam ter sido todos os filósofos de outrora, que se esforçaram durante toda a sua vida para aduzir provas a uma coisa da qual já somos *conscientes*, isto é, nós a conhecemos mais imediatamente do que duas vezes dois, quatro, para o que ainda se exige reflexão. Querer provar tal coisa seria o mesmo que querer provar que os olhos vêem, os ouvidos ouvem e o nariz cheira. Mas, então, que rebanho irracional não seriam os budistas, seguidores da principal religião da terra segundo o número de seus adeptos? Seu zelo religioso é tão grande que, no Tibete, quase um sexto dos homens pertence à casta sacerdotal, passando a viver em celibato, e sua doutrina da fé, embora suporte e apóie uma moral altamente pura, elevada, caritativa e rigorosamente ascética (que não se esqueceu dos animais, como a moral cristã), não só é decididamente ateísta, mas até recusa expressamente o teísmo. A personalidade é um fenômeno que, aliás, só nos é conhecido a partir de nossa natureza animal; por isso, dela separada, não é mais claramente pensável: fazer de tal fenômeno origem e princípio do mundo é um enunciado que não entra imediatamente na cabeça de todos, e menos ainda o fato de que ele já estaria na cabeça de todos e já viveria em nossa natureza animal. Em contrapartida, um Deus impessoal é uma mera peta de professores de filosofia, uma *contradictio in adiecto*, uma palavra vazia para satisfazer os que não pensam ou para tranqüilizar os vigilantes.

De fato, os escritos de nossos filósofos universitários respiram o mais vivo zelo pela teologia e, ao contrário, o menor pela verdade. Pois, sem recato diante dela e com uma audácia inaudita, empregam-se e acumulam-se sofismas, insinuações, distorções e asserções falsas, e são até mesmo, como se disse antes, falsamente atribuídos ou, melhor, exigidos da razão conhecimentos supra-sensíveis imediatos – ou seja, idéias inatas –; tudo isso única e exclusivamente para revelar a teologia: teologia! só teologia! teologia a qualquer preço! Eu gostaria de oferecer despretensiosamente à reflexão desses senhores o fato de que, embora a teologia possa ser de grande valor, conheço algo que ainda é sempre mais valioso, a saber, a honestidade – a honestidade, tanto no modo de vida como no pensar e ensinar; eu não a venderia por nenhuma teologia.

Mas, no estado em que as coisas estão, quem tomou isso a sério, junto com a *Crítica da razão pura*, quem pensou honradamente e não possui teologia para levar ao mercado, tem de sair perdendo diante daqueles senhores. Mesmo se trouxesse a coisa mais excelente já vista pelo mundo e servisse à mesa toda a sabedoria do céu e da terra, eles, todavia, desviariam olhos e ouvidos se não fosse teologia. Quanto mais mérito tem o feito, mais desperta não a admiração, porém o rancor deles, mais lhe opõem uma resistência determinadamente passiva, mais pérfido é o silêncio com que procuram abafá-lo, mas, ao mesmo tempo, mais altos os encômios que entoam aos encantadores filhos do espírito de seus camaradas ricos de pensamento, para que, com isso, não triunfe a voz da inteligência e da sinceridade por eles odiada. Aliás, assim o exige, nesta época de teólogos céticos e de filósofos crédulos, a política daqueles senhores que, com mulher e filhos, se nutrem *da* ciência à qual uma pessoa como eu sacrifica todas as suas forças durante toda a vida. Pois o que lhes importa, de acordo com a advertência de seus altos superiores, é – cada qual em sua linguagem, locução e disfarce – a filosofia como teologia especulativa, e declaram, de forma bem ingênua, que a busca da teologia é o alvo essencial da filosofia. Eles nada sabem do fato de que se deve considerar o mundo (junto com a consciência na qual ele se apresenta) como o único dado, o problema, o enigma da antiga esfinge, diante da qual nos colocamos com ousadia. Ignoram, com esperteza, que a teologia, se deseja entrar na filosofia, deve primeiro, como todas as outras doutrinas, apresentar sua credencial, que será depois examinada na chancelaria da *Crítica da razão pura*, a qual mantém ainda seu total prestígio junto a todos os pensadores, dele nada tendo perdido, apesar das caretas cômicas que os filósofos de cátedra de hoje se esforçam em lhe fazer. Portanto, sem credencial válida perante a *Crítica*, a teologia não obtém permissão de entrada e não deve obtê-la nem por ameaças, nem por astúcia, nem por mendicância, alegando para isso que os filósofos de cátedra não conseguem vender nenhuma outra coisa – então que façam o favor de fechar sua butique. Pois a filosofia não é igreja nem religião. A filosofia é um cantinho no mundo só acessível a poucos, onde a *verdade*, em toda parte sempre odiada e perseguida, uma vez livre de toda pressão e coerção, deve como que celebrar suas saturnais, em que também o escravo pode falar livremente, ter até prerrogativas e a última palavra; ela é o cantinho onde a verdade deve dominar absolutamente sozinha, nada admitindo a seu lado. Ora, já que o mundo todo e tudo nele é pleno *interesse* e, na maioria das vezes, interesse mesquinho, ordinário e ruim, só *um* cantinho deve decididamente ficar livre dele e estar aberto tão-só ao *conhecimento* das relações mais importantes e urgentes de todas – isso é a filosofia. Ou se entende isso de outra forma? Então, tudo é diversão e comédia – "como se tem freqüentemente dado"[99]. Certamente, para julgar com base nos compêndios dos filósofos de cátedra, deveríamos antes pensar que a filosofia seria um guia para a devoção, um instituto para formar beatos; pois, na maioria das vezes, a teologia especulativa é pressuposta abertamente como o fim e o alvo essencial da coisa, e para ela se navega a todo pano. Mas é certo que todo e qualquer artigo de fé causa um dano decisivo para a filosofia, quer seja nela introduzido aberta e francamente, como acontecia na escolástica, quer seja contrabandeado por meio de *petitiones principii*, axiomas falsos, fontes internas de conhecimento inventadas, consciências de Deus, provas ilusórias, frases empoladas e galimatias, como é de uso hoje em dia, porque tudo isso torna impossível a compreensão clara, descompromissada e puramente obje-

---

99. Goethe, *Fausto I*, 529, Belo Horizonte-São Paulo, Itatiaia-Edusp, 1981, p. 46, trad. Jenny Klabin Segal. (Os versos dizem: "WAGNER – Quantas vezes tenho ouvido declarar / Que um comediante pode até um padre ensinar / FAUSTO – Pois sim, sendo também um padre um comediante; / Como se tem freqüentemente dado." (N. dos T.)

tiva do mundo e da nossa existência, primeira condição de toda investigação da verdade.

Expor, sob nome e firma da filosofia, mas em roupagens estranhas, os dogmas fundamentais da religião do Estado, depois intitulada com uma expressão digna de um Hegel – "a religião absoluta" –, pode ser uma coisa muito útil, desde que sirva para adequar melhor os estudantes aos fins do Estado, como também firmar na fé o público leitor; mas vender isso por filosofia é o mesmo que vender uma coisa por aquilo que ela não é. Se isso e tudo o que foi dito antes mantêm seu avanço imperturbável, a filosofia universitária tem de se tornar cada vez mais uma *remora* para a verdade. Pois todos os filósofos estão perdidos, quando se toma, como escala de seu juízo e fio de prumo de suas proposições, outra coisa além da verdade, verdade que é tão difícil de alcançar mesmo com toda investigação e fadiga da força espiritual mais elevada. Segue-se daí que a verdade se torna uma mera *fable convenue*, como Fontenelle chama a história. Também nunca será dado um só passo na solução dos problemas que nos são colocados, de todos os lados, por nossa existência tão infinitamente enigmática, se se filosofar segundo um alvo predeterminado. Mas ninguém negará que este é o caráter genérico das diferentes espécies da atual filosofia universitária. Pois é bem visível que todos os seus sistemas e princípios só confluem para *um* alvo: este não é nem mesmo o verdadeiro cristianismo, o cristianismo do *Novo Testamento* ou seu espírito – que é para eles muito elevado, muito etéreo, muito excêntrico, muito não deste mundo e, por isso, muito pessimista e bem inapropriado para a apoteose do "Estado" –, mas é o mero judaísmo, a doutrina de que o mundo recebe sua existência de um ser pessoal sumamente excelente, que também é a coisa mais amada e πάντα καλὰ λίαν[100]. Este é, para eles, o núcleo de toda sabedoria, e a filosofia deve conduzir a ele ou, resistindo, deve ser a ele conduzida. Daí vem também a guerra que todos os professores travaram, desde a queda da hegelharia, contra o assim chamado panteísmo, competindo em sua refutação e condenando-o unanimemente à morte. Nasceu, por acaso, esse zelo em refutá-lo da descoberta de razões decisivas e concludentes contra ele? Ou, antes, não se percebe com que perplexidade e angústia buscam razões contra o rival que está tranqüilo em sua força original e sorri deles? Pode-se ainda ter dúvida de que a razão de tal doutrina não poder ser verdadeira é apenas sua incompatibilidade com a "religião absoluta", mesmo que a natureza a tenha proclamado por milhares e milhares de vozes? A natureza deve calar-se para que o judaísmo fale. Se, além da religião absoluta, algo ainda encontra consideração entre eles, entende-se que serão os outros desígnios de um alto ministério que detém o poder de conceder e de retirar cátedras. Esse ministério é a musa que os anima e preside suas elucubrações e, por isso, também é invocada nos intróitos, em forma de dedicatória. Eis aí a gente que tira a verdade do fundo do poço, que lacera o véu da ilusão e escarnece de toda obscuridade.

....
100. "Todas as coisas são belas." (N. dos T.)

De acordo com a natureza do assunto, em nenhum ramo do ensino seriam exigidas pessoas tão decididas, altamente capacitadas e tomadas de amor pela ciência e de zelo pela verdade do que ali, onde o resultado dos mais altos esforços do espírito humano, na mais importante de todas as questões, deve ser transmitido, em palavras vivas, à nova geração em flor e até mesmo nela despertar o espírito de investigação. Mas, por outro lado, os ministérios consideram que nenhum ramo do ensino tem tanta influência quanto este sobre a disposição intrínseca da futura classe erudita, à qual caberá propriamente a direção do Estado e da sociedade; por isso, esse ramo do ensino só pode ser ocupado pelos homens mais devotos, que talham totalmente suas doutrinas de acordo com a vontade e as opiniões eventuais do ministério. É natural que, dessas duas exigências, a primeira leve a pior. Mas quem não está a par desse estado de coisas pode às vezes pensar que justo os maiores cabeças-de-vento se dedicam à ciência de Platão e Aristóteles.

Não posso deixar de mencionar aqui, de passagem, que os preceptorados são uma escola preparatória bem prejudicial para a cátedra de filosofia, pois quase todos os que um dia ocuparam cátedras foram preceptores durante muitos anos, após seus estudos universitários. Tais empregos são uma boa escola de submissão e obediência. Ali se adquire, acima de tudo, o hábito de submeter completamente suas doutrinas à vontade do senhor que dá o pão e não conhecer outros fins além dos dele. Adquirido cedo, esse hábito cria raízes e se torna uma segunda natureza, de modo que, depois, como professor de filosofia, não se acha nada mais natural do que também, da mesma maneira, cortar e modelar a filosofia segundo os desígnios do ministério provedor de cátedras; no final, produzem-se opiniões filosóficas e até mesmo sistemas como feitos sob encomenda. Aí a verdade faz um belo papel! Disso resulta naturalmente que, para homenagear a verdade de modo incondicional e para filosofar de modo efetivo, acrescenta-se quase inevitavelmente, às muitas condições requeridas, também a de se manter sobre as próprias pernas e não conhecer nenhum senhor, onde, num certo sentido, também seria válido o "Δός μοι, ποῦ στῶ"[101]. Pelo menos este é o caso da maioria dos que produziram algo de grande na filosofia. Espinosa tinha tanta consciência disso, que, por essa mesma razão, recusou a cátedra que lhe fora oferecida.

Ἥμισυ γὰρ τ' ἀρετῆς ἀποαίνυται εὐρύοπα Ζεὺς
'Ανέρος, εὖτ' ἄν μιν κατὰ δούλιον ἦμαρ ἕλῃσιν.[102]

O verdadeiro filosofar exige independência:

Πᾶς ἀνὴρ πενίῃ δεδμημένος οὔτε τι εἰπεῖν
Οὔθ'ἔρξαι δύναται, γλῶσσα δέ οἱ δέδεται.[103]

....
101. "Dê-me um só ponto... e eu moverei o mundo", dito de Arquimedes. (N. dos T.)
102. "Zeus, cuja voz ressoa ao longe, priva o homem da metade de seu valor, quando lhe sobrevém o dia da escravidão" (Homero, *Odisséia*, São Paulo, Abril, 1981, p. 160, trad. de Antonio Pinto de Carvalho). (N. dos T.)
103. "Pois todo homem, subjugado à pobreza, não pode falar nem agir e sua língua foi presa" (Theognis, verso 1771). (N. dos T.)

Também a passagem no *Gulistão* de Saadi (traduzido por Graf, Leipzig, 1845, p. 185) afirma que quem se preocupa com a subsistência nada pode produzir. Porém, para poder produzir, o filósofo genuíno – que é, por natureza, um ser auto-suficiente – não precisa de muito para viver com independência; portanto, será sempre sua divisa o dito de Shenstone: *Liberty is a more invigorating than Tokay*[104].

Se, portanto, de nada mais se trata nesta questão a não ser do fomento da filosofia e do avanço no caminho da verdade, então eu recomendaria, como o melhor, que se cessasse a dissimulação que se pratica com ela nas universidades. Pois elas não são, de fato, o lugar para a filosofia séria e honestamente pensada, cujo posto nelas é sempre ocupado por uma marionete adornada e enfiada em suas roupagens, que tem de desfilar e gesticular como uma *nervis alienis mobile lignum*[105]. Se, porém, tal filosofia de cátedra quer colocar ainda, no lugar dos pensamentos efetivos, frases incompreensíveis que embotam a mente, neologismos e idéias inauditas, cujo absurdo é chamado de especulativo ou transcendental, então ela se torna uma paródia da filosofia, que a põe em descrédito, como tem acontecido em nossos dias. Como pode, em meio a toda essa maquinação, ser meramente possível aquela profunda seriedade que, junto com a verdade, menospreza

---

104. "A liberdade é um cordial mais revigorante que o Tócai." (N. dos T.)

105. "Uma boneca de madeira movida por fios alheios." Veja-se página 18, nota 25, da presente tradução. (N. dos T.)

todo o resto e é a primeira condição para a filosofia? O caminho para a verdade é íngreme e longo: ninguém o trilharia com uma bola de chumbo presa aos pés; pelo contrário, seria preciso asas. De acordo com tudo isso, eu seria a favor de que a filosofia cessasse de ser um negócio: a elevação de seu esforço não se dá bem com isso, como já os antigos haviam reconhecido. Não é necessário que alguns insípidos tagarelas sejam mantidos nas universidades para tornar os jovens enfastiados da filosofia por toda a vida. Também Voltaire diz a propósito: *Les gens de lettres, qui ont rendu le plus de services au petit nombre d' êtres pensants répandus dans le monde, sont les lettrés isolés, les vrais savants, renfermés dans leur cabinet, qui n'ont ni argumenté sur les bancs de l'université, ni dit les choses à moitié dans les académies: et ceux-là ont presque toujours été persécutés.*[106] Toda ajuda oferecida de fora à filosofia é superficial por natureza. Pois o interesse da filosofia é de uma espécie muito elevada, de modo que não poderia manter uma relação sincera com a prática deste mundo mesquinhamente intencionado. A filosofia tem sua própria estrela-guia, que nunca se põe. Por isso, deixemo-la à vontade, sem ajuda, mas também sem obstáculos, e não façamos o sério peregrino – dotado e equipado pela natureza para alcançar o elevado tem-

---

106. "Os homens de letras que prestaram os maiores serviços ao pequeno número de seres pensantes espalhados pelo mundo são os letrados isolados, os verdadeiros sábios, fechados em seu escritório, que nem argumentaram nos bancos da universidade, nem disseram as coisas pela metade nas academias; e quase sempre foram perseguidos", *Dictionnaire Philosophique*, ed. Beuchot, XXXI, p. 8. (N. dos T.)

plo da verdade – ter como companheiro aquele que só pensa mesmo numa boa pousada e num jantar; pois é preocupante o fato de que este, para poder alcançar seus objetivos, faça rolar pedras no caminho daquele. Como conseqüência disso tudo, e deixando de lado os fins do Estado – como já foi observado – para considerar apenas o interesse da filosofia, tenho por desejável que toda aula de filosofia seja estritamente limitada à exposição da lógica (como sendo uma ciência concluída e rigorosamente demonstrável) e uma história da filosofia de Tales a Kant, exposta bem sucintamente e cursada em *um* semestre, a fim de que esta, por sua concisão e clareza, deixe o menor espaço possível para as opiniões do senhor professor e se apresente apenas como fio condutor para os futuros estudos de cada um. Pois o travar conhecimento apropriado com os filósofos só se dá a partir de suas obras e de nenhum modo por relações de segunda mão – já apresentei as razões desse fato no prefácio à segunda edição de minha obra principal[107]. Além disso, a leitura das próprias obras dos filósofos verdadeiros tem sempre uma influência benéfica e instigante sobre o espírito, pois o coloca em comunhão imediata com uma cabeça que pensa e reflete por si mesma, ao passo que naquelas histórias da filosofia ele só capta o movimento que lhe pode comunicar o andar deselegante do pensamento de uma cabeça corriqueira, que ordenou as coisas a seu modo. Por isso, eu gostaria de limitar

---

107. *O mundo como vontade e representação, in S. W.*, t. II, pp. 23-6. (N. dos T.)

as conferências de cátedra à finalidade de uma orientação geral no campo das produções filosóficas de até agora, com o abandono de toda ampliação, como também de toda pragmaticidade da exposição que queira chegar a mostrar os pontos de ligação evidentes entre os sistemas que se apresentam em sucessão aos já existentes: portanto, oponho-me totalmente à presunção dos historiógrafos hegelianos da filosofia, que apresentam cada sistema como se surgisse necessariamente e, assim, construindo *a priori* a história da filosofia, nos demonstram que cada filósofo teve de pensar exatamente o que pensou e nenhuma outra coisa mais; com isso, então, o senhor professor, numa posição confortável, olha todos os outros de cima, quando deles não ri. Ó pecador! Como se tudo não tivesse sido a obra de inteligências singulares e únicas, que tiveram de se debater por algum tempo na má companhia deste mundo para que ele fosse salvo e redimido dos grilhões da rudeza e do embrutecimento; tais inteligências são tão individuais quanto raras, e para elas vale plenamente o dito de Ariosto: *Natura il fece, e poi ruppe lo stampa*.[108] Como se um outro pudesse ter escrito a *Crítica da razão pura*, se Kant tivesse morrido de varíola – ou seja, um dos que são feitos na manufatura da natureza e com sua marca de fabricação na testa, isto é, alguém com a proporção normal de um cérebro de três libras de peso, com uma textura firme e bela, bem protegida numa caixa craniana de grossa polega-

---

108. Ariosto, *Orlando furioso*, 10, 04. "A natureza o fez e depois quebrou o molde." (N. dos T.)

da, com ângulo facial de setenta graus, fraca batida cardíaca, olhos turvos e inquiridores, mandíbulas fortemente desenvolvidas, falando aos trancos, andando arrastado e com dificuldade, em compasso com a agilidade de sapo de seus pensamentos. Ora, ora, esperai apenas, e eles vos farão *Críticas da razão pura* e também sistemas, logo que chegar o momento calculado pelo professor e a vez deles na fila – ou seja, quando os carvalhos derem damascos. Esses senhores têm, naturalmente, boas razões, a maioria das quais devidas possivelmente à educação e à formação, para até mesmo, como alguns efetivamente fazem, negar os talentos inatos e entrincheirar-se de todas as maneiras contra a verdade de que tudo depende de como alguém foi produzido pelas mãos da natureza, que pai o engendrou e que mãe o concebeu, e ainda em que hora; por isso, não se escreverá nenhuma *Ilíada* se se tiver por mãe uma néscia e por pai um preguiçoso, mesmo que se tenha estudado em seis universidades. Ora, mas isso não pode ser diferente: a natureza é aristocrática, mais aristocrática que qualquer sistema feudal e de castas. De acordo com isso, a pirâmide da natureza progride de uma base extensa para um cume pontiagudo. E, mesmo que a plebe e a canalha, que nada querem suportar sobre si, consigam derrubar todas as outras aristocracias, ainda assim teriam de deixar existir esta – e não precisam agradecer por isso: pois ela é propriamente uma "graça de Deus".